성공하는 사업가를 만드는
역지사지 인간관계 기술

성공하는 사업가를 만드는
역지사지 인간관계 기술

초판 인쇄 2021년 11월 12일
초판 발행 2021년 11월 18일

지은이 김창선 · 김해남 · 손향아 · 심소영 · 심지영 · 원용정 · 이정란
펴낸이 이태규
북디자인 강민정 • **영업마케팅** 유수진 • **전자책** 김진도

발행처 아이프렌드
주소 대전광역시 서구 괴정로 107 연흥빌딩 201호(괴정동 53-10번지)
전화 042-485-7844 **팩스** 042-367-7844
주문전화 070-7844-4735~7
홈페이지 www.ifriendbook.co.kr
출판등록번호 제 305 호

ⓒ김창선 · 김해남 · 손향아 · 심소영 · 심지영 · 원용정 · 이정란
(저작권자와 맺은 특약에 따라 검인을 생략합니다.)
ISBN 978-89-6204-300-6 (03320)

이 책은 저작권법에 따라 보호받는 저작물이므로 무단 전재와 무단 복제를 금지하며,
이 책 내용의 전부 또는 일부를 이용하려면 반드시 저작권자와 아이프렌드의
서면동의를 받아야 합니다.

• 값은 뒤표지에 있습니다.
• 잘못된 책은 구입처에서 바꾸어 드립니다.

성공하는 사업가를 만드는

역지사지
인간관계 기술

공저 김창선 · 김해남 · 손향아 · 심소영 · 심지영 · 원용정 · 이정란
감수 하브루타 러닝 연구소

추천사 1

이 책의 저자들은 글리코영양소의 네트워크 마케팅으로 성공의 대열에 오른 사람들이다. 그들이 통찰한 대인관계의 핵심은 '듣는 일'이다. 그래서 이렇게 말한다. 대화에서 가장 중요한 것은 듣는 일이다. 상대방의 마음을 얻으려면 먼저 잘 들을 줄 알아야 한다. 타인 중심으로 이야기를 해라. 타인은 내 관점의 이야기에 전혀 관심이 없다. 상대방이 원하는 것은 자기 관점의 이야기다. 누군가를 설득하고 싶다면,

- 상대방의 관점에서 이야기하라.
- 상대방을 바꾸려고 하지 마라.
- 비난하지 마라.
- 상대방의 존재감을 인정하라.
- 나를 우월하게 보이려고 하지 마라.

그런 그들이 유대인들의 교육법 하브루타를 별도로 공부했다. 그들이 파악한 하브루타의 핵심은 '역지사지'다. 그 '역지사지'를 데일 카네기의 인간관계론과 네트워크 마케팅에 연결했다. 그리고 그들만의 통찰과 풍부한 경험을 압축해 이 책에 담아냈다.

이 책은 실천 지침서이다. 이론서가 아니다. 대인관계와 네트워크 마케팅의 성공을 원하는 사람들에게 꼭 필요한 '정직한 성공 사례'와 '실천 노하우'들이 쉽고도 매우 간결하게 잘 정리되어 있다.

〈세상을 바꾼 과학이야기〉 저자

공학박사 권 기 균

추천사 2

직업의 특성과 경험상 스피치에 관심이 많다보니 나름대로 생각을 정리해서 책도 내고 강의도 다니고 있다. 스피치 스킬 중에서도 상대방의 마음을 얻는 방법, 일명 '설득 스피치'의 중요성을 많이 강조하곤 한다. 실제 하고 있는 각종 방송에서 출연자와 인터뷰할 때도 아주 중요하기 때문이다. 그런데 그런 설득 스피치의 핵심이 바로 상대방의 입장을 이해하는 것인데, 바로 이 책에서는 그걸 한 단어로 요약하고 있었다. 〈역지사지〉, 이 부분에서 나와 똑같은 생각을 하고 있다는 생각에 무릎을 '탁' 쳤다. 일반적인 대화에서도 역지사지하는 마음이 이렇게 중요한데 직업인으로서 고객을 상대할 땐 오죽할까? 특히 이 책의 공저 대다수가 자신의 성공경험을 토대로 이 책을 저술하였으니 그 노하우가 고스란히 녹아있으리란 건 명약관화하다.

모쪼록 이 책을 통해 많은 분들이 네트워크 비즈니스에서 꼭 목표를 이루길 바라며, 많은 분들이 성공할 수 있는 든든한 지침서가 되길 기대한다.

전 KBS 아나운서
방송인 김 현 욱

추천사 3

 사람의 변화를 만드는 일은 위대하다. 하지만 결코 쉽지 않은 일이다. 혈연관계도 아닌 비즈니스 관계에서 그들의 성공을 위한 변화를 돕는 일은 진정 위대한 일이 아닐 수 없다. 리더는 보여주고, 알려주고, 북돋아 주고, 기다려주며, 다시 행동하며, 지치지 않고 가르칠 수 있는 방법은 오로지 하나, 바로 사명이다. 리더에게 사명은 에너지이자 나침반이며 출발점이다.

 경쟁이 아닌 팀워크가 성장의 정력이 되는 네트워크 마케팅에서 사명과 사랑 그리고 사람이 절대 분리될 수 없다. 황금 같은 노하우를 매뉴얼로 공유하며 더 많은 파트너의 성공을 만드는 이 책은 한두 사람의 성공이 아닌 세상의 관념과 시스템이 송두리째 바뀌는 혁명이 일어나리라 생각한다.

 이 책에는 1인 기업 시대에 새로운 성공의 기준과 노하우가 담겨 있다. 당신이 성공을 꿈꾼다면 이 메뉴얼대로 시작하길 추천한다.

1인 기업 국민 멘토
교수 김 형 환

추천사 4

혜성처럼 이곳저곳 부딪치면서 스스로 빛을 내는 사람들에 관한 이야기.

"우린 혜성이 되기 위해 태어났다. 빛을 흡수하는 블랙홀이 되지 말고 빛을 내는 혜성이 되어라. 시간과 공간을 가로지르며 부딪치는 모든 것에 흔적을 남겨라. 하늘은 끝이 없고 오직 시작만 있을 뿐이다. 날아가라."

2016년 미국 하버드 대학 졸업 축사의 한 부분을 인용한다.

너도나도 성공을 좇는 시대다. 소셜미디어에는 '성공한 사람들의 7가지 습관, 성공한 사람들이 절대 하지 않는 5가지' 등의 글이 수도 없이 포스팅되고, 많은 이들이 이 글을 찾아 읽으며 '좋아요'를 누른다. 풍문으로 누군가 성공했다고 하면

앞뒤 생각하지 않고 불나방처럼 우르르 그쪽 분야로 진입하곤 한다. 소문과 같이 좋은 성과를 얻지 못하면 "지지리 운도 없지.", "그 사람은 무슨 복이 있는 거야?"라며 타인의 성공을 운 또는 복으로 치부해버리기도 한다. 그리곤 다시 다른 성공담에 귀를 기울인다.

세상엔 어떤 형태로든 성공했다고 여겨지는 사람이 많다. 하지만 다른 한편엔 더 많은 사람들이 대학을 졸업하고도 취업을 못 해서 혹은 뭘 할지 몰라서 방황하고 있다. 직업이 있었던 사람 중에서도 지금은 직업이 없기 때문에 아무것도 하지 않고 있는 사람들이 여전히 많다.

이렇게 다들 성공을 좇지만 정작 '성공'의 의미를 물어보면 제대로 답할 수 있는 사람이 몇 명이나 될까? 성공의 사전적 의미는 '목표하는 바를 이룸'이다. 성공하기 위해서는 우선 목표가 있어야 한다는 뜻이다. 자신만의 목표 없이 남들이 이룬 성공만을 좇으며 얻은 성공은 엄밀히 말해 그 본뜻을 이뤘다고 할 수 없다. 꿈이, 목표가 없는 성공은 허울일 뿐 아무런 만족을 주지 못한다.

이 책은 다른 사람의 성공에 대한 이야기가 아니다. 성공은 딱 잘라 한마디로 정의하기 쉬운 단어도 아니다. 사람마다 성공을 바라보는 시각이 다를 수 있기 때문이다. 세상을 어떻게 부딪칠 것인가에 대한 이야기이다. 인간관계 대처에 미숙해서 좋은 사람들과 좋은 비즈니스 기회를 놓치는 분들에게, 서로를 이해하고 역지사지의 마음으로 삶과 비즈니스에서 성공하기 위한 지침서가 되길 바라는 마음을 담아 탄생한 책이다.

사람은 태어날 때는 똑같이 태어나지만 태어난 후에 처한 환경은 모두가 같지 않다. 그러기에 살아가는 방식도 모두가 다르다. 환경이 다른 건 불공평해 보이지만 나중에 이를 바꿀 기회가 주어지는 셈이니 따지고 보면 결국은 그리 불공평한 것도 아니다. 이 책의 저자들은 세상을 그렇게 본 것이다.

이들은 할 일이 없다는 말에 절대 동의하지 않는 사람들이다. 시간과 공간을 가로질러 이리저리 부딪치면서 자기 분야에 흔적을 남긴 사람들이다.

우리는 이 책을 통해 혜성처럼 스스로를 태우면서 빛을 내는 사람들의 이야기를 들을 수 있다. 이들은 하늘엔 끝이 없음을 잘 알고 있다. 오늘도 밤하늘은 어제보다 더 아름답게 빛날 것이다.

미디어 브랜딩 플랫폼 〈Doing Class〉 경영 CEO

성공 큐레이터 정 진 일

추천사 5

　내가 남에게 베푸는 공은 마음에 두지 말고, 남에게 은혜를 입은 것만 마음에 새겨두어야 나에게 공덕이 된다. 또한 나를 괴롭히거나 대질하는 사람일지라도 적으로 돌리지 말고 역지사지의 마음으로 상대를 알고 용서하면 그 은덕도 나에게 그대로 돌아온다.

　항상 나를 낮추고 남을 높이 생각하는 것, 이것이 세상과 그 안에 있는 자신의 운명을 사랑하는 방법이다. 삶을 살아가면서 항상 긍정적인 마인드를 유지해야 한다. 성공적인 인생을 살기 위해서는 욕심을 덜어야 한다. 과감하게 나를 버리고 비우면 마음의 공간이 넓어지고 마음이 맑아져서 지혜가 열린다.

인간관계의 중요함을 일깨워 주는 이 책은 인생을 살아감에 있어서 귀감이 될 것이다.

의학박사 홍 영 재

추천사 6

　세계적으로 유명한 매나테크 한국 리더분들이 비즈니스를 정리하여 발간한 책이다. 내용을 보니, 회사에서 지향하는 좋은 목적을 함께 달성하고자 노력하는 수만 명의 사업자분들께 실행 가이드로서 큰 역할을 하게 될 것 같다. 빠르게 변하는 세상에 발맞추어 이 책 또한 지속적으로 업데이트될 것을 기대해본다. 앞으로 더 크게 번창하여 이 세상의 빛이 되어주길 바란다.

기업 및 교육 컨설팅 전문 석세스컴퍼니

대표 정 찬 우

추천사 7

성공에도 법칙이 있고 인간관계도 프로세스가 있다. 역지사지는 인간관계의 열쇠다. 비즈니스의 성장과 크기는 파트너와의 화학적 결합과 그 반응 에너지에 비례한다. 실전을 통한 저자들의 통찰력은 잠자는 성공 DNA를 일깨워 줄 것이다.

〈한국 사회 최고의 기회〉 저자
법학박사 김 태 수

추천사 8

이 책은 매나테크 사업의 큰 비전과 세계 최고의 교육방법인 하브루타가 만나 앞으로 폭발적 성장을 이룰 성공 경험과 이론이 함께한 책이다. 사업의 성공을 간절히 원하는 분들에게 강력히 추천하며 읽기를 권한다.

매나테크 코리아 최고 리더

정 지 만

추천사 9

If you want to really understand and build a successful network marketing career, this is the book for you. It gives insight into building your Mannatech business by highlighting the importance of putting others first and understanding their needs. Business principles, interspersed with personal life experiences, make this an enjoyable and educational read.

만약 정말로 성공적인 네트워크 마케팅 커리어를 이해하고 구축하고 싶다면, 이 책을 추천한다. 매나테크 비즈니스를 통하여 사람들을 우선으로 생각하며 그들이 무엇을 필요로 하는지 이해하는 것의 중요성을 강조한 내용의 책이다. 비즈니스의 원칙과 개인적 경험담이 잘 섞여 있기에, 매우 교육적이고 재미있는 책이다.

Ray Robbins

Founder of Mannatech(Nasdaq: MTEX)
〈You can Too & Get a grip〉 저자

추천사 10

　인류는 사람들에 의해서 발전해왔다. 사람들의 창의적인 생각과 열정적인 실행이 낳은 결과이다. 개인, 조직, 기업, 국가는 사람으로 이루어져 있고, 이 사람들이 어떤 역량을 발휘하느냐와 협력을 어떻게 하느냐가 성패를 좌우한다.

　사람들의 역량을 발휘하고 협력을 통해 성공한 사람들이 있다. 바로 유대인이다. 수천 년 동안 땅이 없이 전 세계에 흩어져 살던 유대인들은 사람들의 역량을 발휘하고 서로 간에 협력을 통해 발전을 거듭해왔다. 1948년 유대인들은 이스라엘 국가가 독립한 이후로, 더욱 유대인들의 역량 발휘는 세계적으로 활발해졌고 영향력의 크기도 커졌다.

　유대인들이 성공한 핵심에는 인재육성이 있다. 이들의 인재를 육성하는 방법 중 중요한 역할을 하는 것이 '하브루타'이다. 하브루타는 히브리어 '하베르'에 온 말로 '친구'라는 의미로 둘이 짝을 지어 활동하는 모든 것을 의미한다. 하브루타는 사람들 간에 '역지사지' 소통을 통해 성장과 발전을 하는 방법이다. '역지사지 인간관계'는 사람 간의 좋은 관계를 만드는 것뿐만 아니라, 비즈니스에서도 성공하는 핵심적인 소통 방식이다.

'역지사지 인간관계'에 대해 개념과 다양한 사례를 담고 있는 이 책은 사람들 간에 효과적인 소통을 어떻게 하면 좋을지 안내하는 것으로 성공을 원하는 사람들에게 일독을 권한다.

하브루타 러닝 연구소

머리말
성공적인 인간관계를 위하여

'소 잃고 외양간 고친다.'라는 속담이 네트워크 비즈니스를 하는 사람들에게 너무나 공감 가는 말이다. 이 말은 인간관계에서의 갈등으로 관계가 틀어지고 난 후, 안타까워하고 후회하고 있는 상황을 의미한다.

왜 이런 상황이 생기는 것일까? 사업을 하면서 인간관계 대처에 미숙하여 좋은 사람들을 놓치는 경우가 생기는 것이다. 네트워크 비즈니스 성공의 핵심은 거미줄처럼 얽혀 있는 사람과 사람과의 관계를 어떻게 잘 이루고 사업을 하는가이다.

이 책은 스폰서, 나, 파트너와의 관계 속에서 상대방의 입장에서 생각하고 이해하는 역지사지 인간관계를 어떻게 해야 할 것인지에 대한 내용을 담았다. 역지사지 인간관계에 대한 개념과 네트워크 비즈니스에서 다양하게 겪은 경험을 바탕으로 구체적이고 실질적인 내용을 제시하여 도움이 되도록 구성하였다.

이 책은 성공 법칙! 역지사지 인간관계, 파트너 청출어람 만들기, LOS 갈등 역지사지로 해결하기 3부로 이루어져 있다.

〈 1부. 성공 법칙! 역지사지 인간관계 〉에서는 우리 사업의 가치와 비전을 명확하게 인지하고, 역지사지 인간관계의 필요성과 효과적인 역지사지 인간관계 프로세스를 알 수 있도록 하였다.

〈 2부. 파트너 '청출어람' 만들기 〉에서는 사업파트너는 누구이고, 어떤 사람을 영입해야 하고, 어떻게 사업에 정착시킬지에 대한 지원 및 후원하는 방법이 안내되어 있다. 나보다 더 뛰어난 파트너를 육성하기 위한 스폰서들의 실천적인 방법들이 제시되어 있다.

〈3부. LOS 갈등 역지사지로 해결하기〉에서는 LOS 관계에서 발생하는 갈등 유형에 따른 솔루션 가이드를 제시하였고, 역지사지 갈등 해결 프로세스를 통해 실제 발생하고 있는 갈등 문제를 해결할 수 있도록 사례를 통해 익힐 수 있게 하였다.

《성공하는 사업가를 만드는 역지사지 인간관계 기술》은 네트워크 비즈니스에서 팀워크 없이 성공한 경우가 전무후무하다는 것을 다시금 일깨워준다. 팀워크에서 벌어지는 사소한 문제가 나의 비즈니스, 상대방의 비즈니스를 아주 어렵게 만드는 원인이 된다. 네트워크 비즈니스는 1인 독립 사업이면서 동시에 팀워크 사업이라는 것을 정확히 인정하고, 우리에게 당면한 인간관계의 문제를 서로의 입장을 이해하고 인정하는 것에서 실마리를 찾는 계기가 되기를 바란다.

이 책은 짧게는 2년, 길게는 15년 이상 함께한 7명의 네트워크 비즈니스 사업자들이 협력하여 오랜 시간 생각하고 논

의하며 '단 한 명의 사업 파트너도 낙오자로 만들지 않겠다'는 마음에서 시작하여 완성한 의미 있는 결실이다.

역지사지 인간관계로 성공하는 사업자가 되기를 기원하는 마음으로 추천사를 써 주신 권기균 박사님, 김태수 박사님, 김현욱 아나운서님, 김형환 교수님, 정진일 대표님, 정찬우 박사님, 홍영재 의학박사님, 하브루타 러닝 연구소장님 그리고 정지만 대표님, 미국의 Ray Robbins 사장님께 감사드린다.

차 례

추천사
머리말   성공적인 인간관계를 위하여

제 1 부
성공 법칙! 역지사지 인간관계

1장	**우리 사업의 가치와 비전**	1. 사업의 가치와 목적 2. 매나테크 비전 3. 매나테크의 비전과 개인의 비전	• 032 • 033 • 037
2장	**역지사지 인간관계의 필요성**	1. 사업에서 인간관계의 중요성 2. 네트워크 사업의 인간관계 특징 3. 역지사지 인간관계의 필요성	• 043 • 046 • 049
3장	**역지사지 인간관계의 이해**	1. 역지사지 인간관계의 의미 2. 역지사지 인간관계 프로세스 3. 역지사지 인간관계 활용 사례 4. 역지사지 인간관계 효과	• 051 • 054 • 060 • 063

제 2 부
파트너 '청출어람' 만들기

1장	사업파트너 이해	1. 사업파트너의 의미	• 072
		2. 적합한 사업파트너의 모습	• 073
		3. 사업파트너의 사업 활동 이해	• 074
		4. 사업파트너의 성장 비전	• 076

2장	사업파트너 영입	1. 사업파트너 발굴 기준	• 078
		2. 사업파트너 발굴 경로	• 082
		3. 사업파트너 발굴 활동과 사례	• 086
		4. 사업파트너 발굴 Q&A	• 093

3장	사업 파트너의 사업 정착 지원	1. 사업파트너의 사업 정착 필요성	• 101
		2. 사업파트너의 사업 정착 기준	• 102
		3. 사업파트너의 사업 정착을 위한 지원 활동	• 112
		4. 시스템의 정착 지원	• 115
		5. 매나테크 성공 시스템 소개	• 125
		6. 사업파트너 정착 지원 사례	• 128
		7. 사업파트너의 사업 정착을 위한 교육 프로그램 운영 사례	• 130

4장	효율적인 고객 상담	1. 고객 상담 프로세스	• 133
		2. 효율적인 상담을 위한 유형별, 상황별 고객 질문 리스트	• 136

제 3 부
LOS 갈등 역지사지로 해결하기

1장	**LOS 이해**	1. LOS의 의미 2. 매나테크에서 LOS의 가치 3. LOS의 역할 4. 바람직한 LOS 관계를 만들기 위한 가이드	• 150 • 152 • 154 • 160
2장	**LOS 갈등 유형에 따른 솔루션 가이드**	1. LOS 갈등의 원인 2. LOS 갈등으로 발생하는 문제 3. LOS 갈등 유형에 따른 솔루션 가이드	• 161 • 163 • 164
3장	**LOS 역지사지 갈등 해결 프로세스**	1. LOS 역지사지 이해 2. LOS 역지사지 갈등 해결 프로세스 3. LOS 역지사지 갈등 해결 프로세스 진행 방법	• 175 • 177 • 180

4장 **역지사지
LOS
갈등 해결
사례 Q&A**

1. 마음의 문을 닫은 파트너에게
   어떻게 다가가야 할까요? • 184
2. 스폰서와 파트너가 원활하게
   소통하려면 어떻게 해야 할까요? • 187
3. 사업적으로 움직이지 않는 파트너를
   어떻게 독려하고 지원해야 할까요? • 191
4. LOS관계 예의를 어떻게 알려주어야
   하나요? • 193
5. 파트너를 영입하지 못한 경우
   어떻게 지원해야 할까요? • 196
6. 스폰서가 열심히 하지 않고 수당만
   받는다고 생각하는 경우 어떻게
   상담해야 할까요? • 198
7. 스폰서와 파트너 사이에 문제가
   생겼을 때 무조건 스폰서 편을
   들어주면 어떻게 해야 하나요? • 200
8. 파트너가 스폰서에게 너무
   의존적이면 어떻게 해야 하나요? • 202

맺음말 매나테크 글로벌을 향하여

제1부

성공 법칙!
역지사지
인간관계

우리 사업의 가치와 비전을 명확하게 인지하고,
역지사지 인간관계의 필요성과 효과적인
역지사지 인간관계 프로세스를 알 수 있도록 하였다.

1장
우리 사업의 가치와 비전

1. 사업의 가치와 목적

매나테크는 세상에 없던 기술인 글리코영양소로 세상을 바꾸는 기업으로, 사업의 가치는 생명을 살리는 일에 두고 있다. 매나테크 사업은 건강·풍요·나눔을 제공하는 회사로, 기회는 누구에게나 열려 있으며 그들은 모두 '평범한 사람이 비범해지는 일'을 할 수 있다.

현대를 살아가는 우리는 단순히 의식주 해결만 원하지는 않는다. 거기에서 더 나아가 삶의 질을 높이는 한편, 사회에 기여할 수 있는 일에 관심을 보인다. 매나테크 사업을 하면 자동적으로 M5M(Mission 5million, 영양실조로 죽어가는 5세미만 아동 500만 명을 살리는 프로젝트)에 참여할 수 있다.

많은 사람들의 잠재력을 계발해 성공으로 이끌고 사회적 기업가로 성장하도록 리드하는 것은 이 사업이 지닌 가치이자 목적 중 하나다.

2. 매나테크 비전

1) 매나테크 이해

세계 최초로 글리코영양소 개발에 성공한 매나테크는 이를 바탕으로 영양, 면역, 체중조절, 스킨케어 분야에서 변화를 선도하고 있다.

> **리얼푸드 테크놀로지 솔루션 (Real Food Technology Solutions)**
>
> 매나테크는 최고의 웰니스 솔루션을 제공하겠다는 믿음으로, 첨단과학과 자연식물에서 추출한 성분들을 결합해 인체에 최적화한 영양소를 제공하는 리얼푸드 테크놀로지 솔루션을 개발했다.
> 매나테크의 리얼푸드 테크놀로지 솔루션에는 매나테크의 노하우와 철학이 담겨 있는데, 그 노하우와 철학을 기반으로 탄생한 모든 매나테크 제품

은 우리 몸 안에서 최적의 효과를 발휘하도록 독자적인 방식으로 개발했다.

그 대표적인 성과물이 알로에 베라를 광범위하게 연구해 탄생한 앰브로토스다. 앰브로토스는 매나테크 기술력을 집약한 것으로 혁신을 이끄는 원동력이다.

특히 제3의 독립 연구기관들로부터 제품 우수성을 인정받은 매나테크는 뛰어난 기술력과 끊임없는 연구로 인류 건강에 도움을 주는 최고의 제품을 만들고 있다.

2) 매나테크 비전과 미션

① **건강(Healthy Life)** : 글리코영양소를 기반으로 개발한 우수한 제품으로 건강한 삶을 누리도록 해준다.

② **풍요(Richness)** : 매나테크 보상플랜은 소비하는 동시에 수익을 창출하여 매나테크 제품을 계속 구매할 수 있도록 하고 있다. 나아가 체계적으로 구축한 글로벌 보상플랜으로 시간적, 재정적 자유를 가능하게 하며 삶의 질을 한층 더 높여주는 것이 매나테크가 주는 풍요다.

③ **나눔(M5M)** : M5M재단은 전 세계 취약 아동들이 건강한 삶을 누릴 수 있도록 지원하고 있다. 특히 제품 소비를 기반

으로 영양실조를 겪는 아이들에게 파이토블랜드라는 영양소를 무료로 지원한다.

3) 매나테크 슬로건(인생과 건강을 바꾸는 5가지 습관)

① **식습관** : 바쁜 일상생활 속 영양균형을 위한 식습관.

② **몸습관** : 깨끗이 비우고 바르게 채우는 건강한 몸을 위한 몸습관.

③ **데일리 생활습관** : 매일의 반복적인 생활습관으로 자기를 관리하는 습관.

④ **마음습관** : 스트레스로 지친 몸과 마음을 이완함으로써 자신을 치유하는 힘을 기르는 습관.

⑤ **환경습관** : 인간과 지구를 위한 일상생활 속 환경을 보호하는 습관.

4) 과학 기술 발달로 탄생한 매나테크

전 세계적으로 140여 개의 특허를 출원한 매나테크는 그 기술력을 인정받고 있다. 대다수 건강기능식품 기업이 특허를 보유하고 있지 않거나 이보다 적게 보유하고 있는 상황에서 이는 매나테크의 우수한 기술력을 말해준다. 이것은 삶을 변화시키고자 하는 매나테크의 열정을 보여주는 척도이기도 하다. 실제로 매나테크는 단순히 말로만 품질을 이야기하지 않고 제품 개발 과정에서 과학적인 입증과 검증을 거침으로써 제품의 신뢰를 쌓아가고 있다.

매나테크의 특별한 제품 품질관리 과정은 품질, 평가, GMPs(우수 건강기능식품 제조 기준), 안정성, 규정 준수 등의 기준에 따라 철저하게 이루어진다. 이를 바탕으로 매나테크는 업계에 새로운 '골든 스탠다드'를 제시하고 있다.

가치는 더 큰 가치를 창출하는 법이다. 과학적으로 효과를 입증받은 매나테크 기술력으로 탄생한 제품이 전 세계 시장에서 각광을 받는 이유가 여기에 있다. 매나테크는 전 세계 26개국에 진출해 전 세계인이 건강하고 풍요로운 삶을 나누는 것을 지원하고 있다. 매나테크의 과학 기술을 바탕으로 만든 제품과 그것을 기반으로 사업을 펼치는 시스템은 전 세계 79억 명이 누려야 할 것이기에 매나테크는 무한한 비전이 있는 사업이다.

이러한 인식 아래 의료, 과학, 헬스, 웰니스 분야의 글로벌 전문가로 구성한 GSAB(매나테크 글로벌 과학자문위원회)은 보다 획기적이고 과학적인 고품질의 제품을 제공하기 위해 적극적인 연구와 교육 활동을 펼쳐가고 있다.

3. 매나테크의 비전과 개인의 비전

1) 기업가 관점의 비전

기업가는 회사 경영진으로 대개 많은 투자 사업을 하는데 큰 사업은 리스크가 클 수밖에 없다. 그중에서도 수백 명에서 수천 명에 이르는 인사관리와 자본관리가 매우 중요하다.

반면 매나테크 사업은 1인 기업가로 시작할 수 있으며 일반 기업과 달리 창업비용이 필요하지 않다. 특히 회사와 탄탄한 파트너십을 유지하고 온·오프라인 시스템 활용을 비롯해 여러 가지 도움을 받을 수 있다. 리스크가 거의 없다고 봐도 무방하다.

일반 기업은 월급을 기반으로 조직을 유지하지만 매나테크는 리더들의 자발적 동기부여로 팀을 구축한다. 그럼에도 불구하고 일반 기업에서 창출하는 매출 이상을 일으킬 수 있는 플랫폼 사업이다.

2) 직장인 관점의 비전

오늘날 직장인의 근무 수명은 짧아지고 있고, 반대로 인간의 수명은 길어지고 있다. 또한 4차 산업혁명으로 디지털화한 로봇과 인공지능 시대가 열리면서 직업 형태가 바뀌고 있다. 이런 상황에서는 평생직장이 아닌 평생직업으로 안정성뿐만 아니라 성장성까지 갖춘 매나테크가 그 대안일 수 있다. 특히 매나테크는 사업 경험이 없는 직장인도 자본 투자 없이 시작할 수 있는 사업이다. 한마디로 이 비즈니스에서는 독립 사업자(Independent Worker)이자 비즈니스 오너(Business Owner)가 될 수 있다. 역량에 따라 얼마든지 글로벌 기업으로 확장해 갈 수 있는 것이다.

3) 자영업자 관점의 비전

많은 사람이 자기 사업을 하려고 자영업을 선택하지만 여기에는 반드시 자본 투자가 따라야 한다. 그런데 안타깝게도 손익분기점이 최소한 1년 이상이고 이것마저 외부환경 요인으로 더 연장될 수 있다. 더욱이 사업장을 오픈해야 수익이 발생하므로 휴일도 없이 매달려야 한다. 그 탓에 건강관리가 힘든데다 노동력 대비 발생하는 수익이 제한적이다.

반면 매나테크는 자본 투자 없이 본인의 노력과 시간을 투자해 수익을 얻고 시공간을 초월해 비즈니스를 펼칠 수 있다. 특히 시스템을 구축하면 지속적인 인세소득이 발생하기 때문에 건강관리와 시간관리 측면에서 여유를 누릴 수 있다.

4) 의료인 관점의 비전

원격진료, 로봇수술, 셀프 메디케이션(Self Medication) 시대에 맞춰 더욱 똑똑해진 환자들로 인해 의료계에는 대안이 필요하다. 이미 의료 패러다임은 치료의학에서 예방의학, 통합기능 의학으로 빠르게 변하고 있고 더 이상 건강기능식품을 배제할 수 없다.

그중에서도 수많은 논문으로 검증된 글리코영양소가 대안으로 떠오르고 있다. 이에 따라 환자 치유에서 건강 회복까지 의료인으로서의 자부심과 함께 또 다른 소득을 창출할 기회를 누릴 수 있다. 변화를 두려워하지 않는 의료인이라면 매나테크에서 새로운 기회를 찾을 것이다.

5) 주부 관점의 비전

경력 단절을 딛고 재취업을 하려는 여성, 자녀가 성장하면서 더 많은 경제력을 필요로 하는 주부에게 매나테크는 소득을 올리는 동시에 자기계발이 가능한 사업 기회를 제공한다. 이 사업을 시작하는 데 학력이나 경력은 필요치 않으며 자유롭고 평등하게 시작할 수 있다. 특히 자신의 정체성을 찾고 자기 성장을 원하는 주부들의 도전을 응원한다. 매나테크 사업자의 70퍼센트 이상이 여성이고 또한 성공자의 70퍼센트 이상이 여성이라는 것은 매나테크는 주부가 도전해 큰 성공을 거둘 수 있는 사업임을 의미한다.

6) 청년 관점의 비전

1980년대 초부터 2000년대 초에 탄생한 밀레니얼 세대와 1990년대 중반에서 2000년대 초반에 출생한 Z세대(이하 MZ세대)는 온라인 플랫폼, 소셜미디어와 함께 자란 세대다. 이들은 글보다 영상에 더 익숙한 세대로 주요 관심사는 건강, 외모, 고용, 재테크, 환경이다.

나아가 이들은 COVID-19와 같은 팬데믹으로 헬스케어나 질병 예방에 적극 관심을 보이고 있고 키보드와 스마트폰을 무기로 삼아 세계와 소통하고 있다. 따라서 이들에게는 온라인 기반으로 시공간을 초월해 글로벌 사업을 전개하는 매나테크가 최적의 사업이다. 매나테크는 MZ세대가 평생 건강하게 수익을 창출할 수 있는 사업이기 때문이다.

2장
역지사지 인간관계의 필요성

1. 사업에서 인간관계의 중요성

1) 사업에서 인간관계의 중요성

'사업'의 사전적 의미를 살펴보면 이렇다.

"어떤 일을 일정한 목적과 계획을 가지고 짜임새 있게

지속적으로 경영하는 행위 또는 그 일."

그리고 인간관계는 대인관계라고도 하는데 두 사람 이상이 빚어내는 개인적이고 정서적인 관계를 가리킨다. 인간은 사회적 존재로 태어날 때부터 타인의 도움과 보호를 필요로 하는 의존적 존재다. 이에 따라 인간은 가족, 연인, 동료 등 사회를 구성해 서로 상호작용하면서 살아간다.

인간은 사회적 존재이기에 다양한 인간과 상호작용을 하며 살 수밖에 없다. 요즘 들어 이것의 중요성이 커지고 인간관계 도구와 기술, 관리 방법에도 관심이 높아지면서 인간관계론이 등장하기도 했다. 우리에게 가장 익숙한 것은 데일 카네기의 '인간관계론'이다.

데일 카네기의 '인간관계론' 핵심 포인트

대화에서 가장 중요한 것은 듣는 일이다. 상대방의 마음을 얻으려면 먼저 잘 들을 줄 알아야 한다.

타인 중심으로 이야기를 하라. 타인은 내 관점의 이야기에 전혀 관심이 없다. 상대방이 원하는 것은 자기 관점의 이야기다. 누군가를 설득하고 싶다면,

- 상대방의 관점에서 이야기하라.
- 상대방을 바꾸려고 하지 마라.
- 비난하지 마라.
- 상대방의 존재감을 인정하라.
- 나를 우월하게 보이려고 하지 마라.

세상 모든 일에서 인간관계가 85퍼센트를 차지하고, 스킬에 해당하는 것은 15퍼센트라고 말할 만큼 인간관계는 매우 중요하다.

2) 네트워크 사업에서 인간관계의 중요성

모든 것이 협업으로 이뤄지는 세상에서 가장 핵심은 인간관계다. 그중에서도 네트워크 마케팅은 인간관계가 사업의 90퍼센트 이상을 차지한다고 해도 과언이 아니다. 매나테크 사업도 사람들 간의 네트워킹을 중심으로 이루어진다.

회사와 그룹이 있고 나에게 정보를 전달해 준 사람도 있지만 결국 매나테크 사업은 나로부터 시작된다. 따라서 사업의 관건은 나로부터 인간관계를 얼마나 잘 형성하느냐에 있다.

매나테크 사업이 아무리 비전이 커도 내가 비전을 제시해야 사람이 함께한다. 매나테크는 비전으로 동기를 부여하고 그렇게 비전을 본 사람과 평생 함께 가는 사업이다. 결국 사업의 대부분은 인간관계로 결정될 수밖에 없다. 특히 매나테크는 평생을 함께하는 사업으로 진정한 인간관계 구축을 기반으로 한 성품사업, 인품사업이다.

2. 네트워크 사업의 인간관계 특징

1) 10퍼센트 vs 90퍼센트 법칙

　네트워크 사업자의 10퍼센트는 준비된 셀프리더로 이들은 처음부터 비전을 크게 보고 집중하는 통찰력 있는 사람들이다. 이들은 주도적인 사람들로 360도 리더십을 발휘해 자신의 원활한 인간관계를 만드는 한편 팀워크를 발휘하며 스스로 시스템에 참여한다. 이렇게 사업을 전개하는 셀프리더는 사업자의 10퍼센트 정도이다.

　나머지 네트워크 사업자 90퍼센트는 자기계발을 거쳐 성공자로 나아가는 도전자다. 비전과 사업성은 어느 정도 보았지만 함께하는 스폰서가 좋아서 참여하다 큰 비전을 보고 지속적으로 사업을 하는 경우이다. 이들에게는 지속적인 인간관계가 필요하므로 그룹의 좋은 문화를 접하는 동시에 시스템에 연결하게 하는 것이 중요하다.

2) LOS 인간관계가 일의 성패 좌우

네트워크 사업의 인간관계 상황은 스폰서와 파트너를 포함한 LOS 관계에서 대부분 결정된다. 형제그룹과의 관계도 있지만 주요 관계는 스폰서와 파트너와의 관계인 LOS(Line of Sponsorship)이다. 즉, LOS 관계가 일의 성패를 좌우한다고 해도 과언이 아니다.

네트워크 사업에서의 성공은 인간관계에 기초한다. 그런데 사업의 비전은 보았으나 함께하는 사람과의 갈등으로 인해 사업을 떠나는 사례가 50퍼센트 이상이다.

3) 네트워크 사업에서 문제의 핵심은 인간관계 갈등

네트워크 사업에서 발생하는 문제 유형은 세 가지로 살펴볼 수 있다.

첫째, 본인의 성격이나 성향이 이 사업과 맞지 않는 경우다. 본인이 각고의 노력으로 자기성찰을 함으로써 원만한 인간관계를 만들어가야 한다. 원만한 인간관계의 핵심은 커뮤니케이션 능력이고 그 시작은 먼저 타인을 이해하는 일이다.

그리고 그 바탕은 진정 사람을 좋아하는 마음이다.

둘째, 개인의 대인관계 능력은 훌륭하지만 스폰서나 팀 리더로서 커뮤니케이션 자질이 부족한 경우다. 이런 문제는 스폰서 라인에 있는 상위 직급자들과 상담해서 해결할 필요가 있다. 진정한 리더는 좋은 그룹 문화 속에서 스스로 성장하며 특히 스폰서나 팀 리더, 형제그룹을 아우르는 리더십을 발휘할 때 더 크게 성공한다.

셋째, 팀 리더와 팀 분위기, 스폰서가 좋은 경우다. 이때 본인이 준비된 리더라면 좋은 인간관계로 네트워크 사업에서 빠르게 성장할 수 있다. 만일 본인이 준비를 갖추지 못했다면 그룹 시스템의 중심에 서서 헌신하면서 사업 확장을 위해 더 좋은 팀워크를 만들어내고 도전적, 혁신적인 자세로 나아가기 위해 노력해야 한다.

3. 역지사지 인간관계의 필요성

살다 보면 간혹 나와 잘 맞지 않는 사람이나 이해하기 힘든 사람을 만나기도 한다. 지속적인 관계를 맺을 필요가 없는 사이면 그냥 지나치면 그만이지만, 상대가 가족이거나 매일 일하면서 만나야 하는 사람이라면 좋은 관계를 맺기 위해 지혜를 발휘해야 한다. 왜냐하면 지속적인 관계에서 상대방을 이해하고 소통하며 살아가는 것이 삶의 목적이자 행복의 근간이기 때문이다.

이것은 매나테크 사업에서도 사업 성장을 결정하는 중요한 요소다. 그런 의미에서 역지사지 인간관계야말로 우리가 꼭 선택하고 습관화해야 할 마음자세다. 특히 매나테크 사업은 사람과 사람과의 관계로 이뤄지는 네트워크 사업이기에 누군가와 갈등이 생길 경우 이를 지혜롭게 해결하는 것이 매우 중요하다.

갈등이 생겼을 때 지혜롭게 해결하는 방법은 '역지사지' 자세로 상대방의 입장에서 생각하고 말해보는 것이다. 매나테크 사업에서 역지사지 인간관계는 갈등을 해결하는 핵심인 동시에 사업성과를 확실히 낼 수 있는 성공의 기초다.

3장
역지사지 인간관계의 이해

1. 역지사지 인간관계의 의미

1) 역지사지의 의미

상대방과 처지를 바꿔 생각해 본다는 사자성어로 상대의 처지나 형편에서 생각해 보고 이해하라는 뜻이다. 한마디로 입장 바꿔 생각해 보라는 의미다.

2) 역지사지의 유래

옛날 중국에 하우와 후직이라는 사람이 살았는데, 둘 다 나랏일을 돌보는 벼슬아치였다. 그들은 일을 하느라 너무 바빠서 자기 집에 가지도 못하고 신경도 쓰지 못했다. 심지어 공무상 집 앞을 지나갈 때조차 집 안에 발을 들여놓지 않았다.

"몇 년 만에 집 앞을 지나시는 게 아닙니까? 한번 들어가 보시지요."

주위 사람들이 이렇게 권해도 하우와 후직의 대답은 한결같았다.

"내가 일을 제대로 하지 못하면 많은 백성이 힘든 일을 겪을 수 있네. 그런데 어찌 우리 집에 드나들며 신경 쓸 수 있단 말인가."

훗날 사람들은 백성을 자기 가족보다 더 아끼고 보살핀 하우와 후직을 칭찬했다. 중국의 대학자인 공자는 이러한 하우, 후직과 함께 자신의 제자 안회를 칭찬했다.

"안회는 세상 사람들이 어렵게 산다며 스스로 밥 한 그릇과 물 한 잔만 먹으며 하루하루를 살고 있다. 하우, 후직, 안회 세 사람은 모두 자신의 처지보다 다른 이의 처지를 생각하며 배려한 사람들이다. 입장을 바꿔 다른 이의 처지를 헤아려보는 것은 사람에게 꼭 필요한 일이다."

공자의 가르침을 이어받은 사람들은 하우, 후직, 안회의 이야기를 기억했고 이때부터 나와 다른 사람의 입장을 바꿔 생각해 본다는 뜻의 '역지사지'라는 말을 쓰게 되었다.

3) 역지사지 인간관계의 의미

사람은 자극과 반응이라는 감정과 사고 체계 안에서 살아간다. 역지사지 사고방식은 이 체계를 깊이 고찰해 보는 것이다. 다른 사람의 처지에서 생각해 보는 역지사지야말로 인간관계의 핵심이라 하겠다. 역지사지라는 말처럼 상대방의 입장에서 생각해 보고 상대를 이해할 때 아름다운 인간관계를 맺을 수 있다.

역지사지 인간관계는 문제를 해결하기 위한 사람 간의 지혜롭고 창의적인 소통 방식이다.

2. 역지사지 인간관계 프로세스

1) 역지사지 인간관계 프로세스

① 주제 이해 → ② 하브루타(역지사지하기) → ③ 결과 작성과 발표 공유

*《헤츠키 아리엘리의 탈무드 하브루타 러닝》 참고

2) 역지사지 인간관계 프로세스별 세부 내용

① 주제 이해

매나테크에서 사업을 하며 경험하는 모든 것이 역지사지 인간관계의 주제일 수 있다. 예를 들어 매나테크의 핵심 가치를 신념화하는 것, 고객과 비즈니스를 하는 것, LOS 갈등 문제를 해결하는 것, 비전을 가지고 사업 목표를 달성하는 것 등 다양한 측면에서 활용이 가능하다.

〈 주제 사례 〉

구분	주제 예시
핵심 가치	– 매나테크의 핵심 가치(비전, 사명, 목표)는 무엇인가요?
비즈니스 이해	– 매나테크 비즈니스 모델(제품 소개, 사업자 영입)은 무엇인가요? – 매나테크 제품은 무엇이고 어떤 효과가 있나요? – 매나테크 사업자는 어떤 일을 하며 비전은 무엇인가요?
LOS 소통	– 파트너가 스폰서의 후원을 잘 수용하지 않아요. 어떻게 하면 될까요? – 파트너가 스폰서를 배제하고 업라인 스폰서와 직접 소통해요. – 스폰서가 파트너와 대화하지 않고 후원도 하지 않아요.

리더십	〈셀프 리더십〉
	– 스스로 일하는 능력을 개발하려면 어떻게 해야 할까요?
	  (자기성찰, 감정 컨트롤, 자기 동기부여, 지속적인 열정,
	  성공 습관, 감사, 긍정)
	〈관계 리더십〉
	– 스폰서, 파트너와 좋은 관계를 맺으려면 어떻게 해야 할까요?
	〈성과 리더십〉
	– 파트너가 성과를 내도록 하려면 어떻게 후원해야 할까요?

갈등 해결	– 매나테크 사업을 하는 것을 가족이 많이 반대해요. – 매나테크 일을 해야 할지 말아야 할지 계속 고민하고 있어요.

마이 스토리	– 제품을 소개할 때 상황에 따라 마이 스토리를 어떻게 전해야 할까요? (건강에 문제가 있는 가망고객, 살을 빼고 싶어 하는 가망고객 등) – 가망고객을 사업파트너로서 상담할 때, 마이 스토리를 어떻게 전해야 할까요?
고객 관계	– 가망고객과 신뢰를 구축하기 위해서는 어떻게 해야 하나요? – 기존고객을 지속적으로 만족시키는 방법에는 무엇이 있나요? – 제품을 사용하는 고객을 사업자로 발전시키려면 어떻게 해야 할까요? – 이미 사회적으로 성공한 분을 매나테크 사업으로 안내하려면 어떻게 상담해야 할까요?
고객 상담	– 고객 상담을 잘하기 위해서는 어떻게 해야 할까요? (고객 현황과 니즈 파악, 고객 니즈에 맞는 마이 스토리 준비, 고객 상담과 사후 관리) – 건강에 문제가 있는 가망고객은 어떻게 상담해야 할까요? – 살을 빼고 싶어 하는 가망고객은 어떻게 상담해야 할까요? – 사업자로 활동할 수 있는 가망고객은 어떻게 상담해야 할까요?
고객 클레임	– 고객이 사업자에게 연락을 하는데 응답이 없어요. – 고객이 자세한 설명을 요구하는데 무성의하게 답변해요. – 고객이 제품 효과가 빨리 나지 않는다고 항의해요.
마케팅	– SNS 고객을 만들고 확장하려면 어떻게 해야 할까요? – 신제품 출시 때 신규고객을 확보하려면 어떻게 해야 할까요?

② 하브루타(역지사지하기)

하브루타는 히브리어 '하베르'에서 온 말로 친구라는 의미다. 이러한 하브루타는 유대인이 질문하고 대화하고 토의하고 토론하는 활동을 포괄한다.

» 2인 1조로 조를 편성한다.
» 주제와 관련해 내 입장에서 얘기한다.
» 주제와 관련해 역지사지 자세로 상대방 입장에서 얘기한다.
» 주제와 관련해 내 입장과 상대방 입장에서 생각하고 말한 것을 토대로 창의적인 해결 방안을 함께 모색한다.

③ 결과 작성과 발표 공유

» 주제와 관련해 내 입장, 상대방 입장, 창의적인 해결 방안을 작성한다.
» 하브루타를 한 소감을 작성한다.
» 작성한 내용을 발표해 공유한다.

〈 역지사지 인간관계 작성 양식 〉

성명	
내 입장	
상대방 입장	
창의적 해결	
소감	

우리는 역지사지로 생각할 때 올바르고 원만한 인간관계를 맺을 수 있다는 것을 잘 알지만 실제로는 사회에서 많은 시행착오를 겪으며 이를 깨닫고 성장한다. 왜냐하면 역지사지를 해보거나 습관화하는 교육을 거의 받은 적이 없기 때문이다.

학교에서 주입식 교육을 받고 사회에 나온 뒤 겪는 미숙한 인간관계 경험을 빠른 시간 내에 체득하게 해주는 것이 하브루타 교육 방법이다. 두 사람이 하나의 주제를 놓고 각자의 생각과 의견을 적고, 서로의 눈을 보며 발표하고, 피드백을 하는 방식으로 역지사지 인간관계의 사고와 습관을 익힐 수 있다.

3. 역지사지 인간관계 활용 사례

1) 비전은 보았는데 액션하지 않는 경우

주제	파트너(약사)가 비전은 보았는데 액션을 하지 않는다.
대상	나와 상대방(파트너 약사)
내 입장	파트너가 비전은 보았으나 액션을 하지 않는다. 사업성과는 액션으로 나오는 것인데 파트너가 액션을 하지 않는다. 액션하지 않으니 상담해 주기도 싫다.
상대방 입장	약사로서 비전은 보았으나 이 사업의 정보를 이야기하기가 꺼려진다. 약국에 오는 환자들에게 약 대신 매나테크 제품을 추천하다 좋지 않은 소리를 들을까 봐 망설여진다. 외부에 나가 매나테크를 소개하는 것에 익숙지 않아 현재 약국에 오는 사람들을 상대로 매나테크를 알리려고 노력하고 있다.
창의적 해결	현재 약사의 상황을 이해하고 공감해준다. 파트너(약사)는 현재 재정적 여유도 있고 약국 경영도 원활해 적극적으로 전달할 동기부여가 부족하다. 먼저 파트너(약사)가 글리코영양소를 직접 체험하게 한다. 본인의 경험을 바탕으로 주변 지인에게 소개하게 한다. 이것이 사업의 출발점이다.
소감	파트너(약사)의 상황을 이해하게 되었다. 전달보다 본인과 가족이 먼저 체험하기로 해서 파트너(약사)도 마음이 편안해져 우리의 관계가 좋아졌다.

2) 스폰서가 사업 방향을 알려주었는데 파트너가 자기 마음대로 하는 경우

주제	스폰서가 사업 방향을 알려주었는데 파트너가 자기 마음대로 한다.
대상	나와 상대방(파트너 직장인)
내 입장	매나테크 사업은 마이웨이를 하면 사업성과가 나지 않는데, 그럴 경우 도중에 그만두는 사례가 많다.
상대방 입장	직장에 다니며 투잡을 하느라 액션 할 시간이 없는데, 액션 할 시간에 자꾸 강의를 들으라고 하니 짜증이 난다.
창의적 해결	먼저 파트너의 성향을 파악한다. 이 파트너는 DISC형 중 전형적인 D형이다. D형은 목표 집중형으로 남의 말을 잘 듣지 않는다. 함께 식사를 하면서 파트너의 적극적인 액션을 칭찬하고 격려한다. 그리고 파트너보다 지위가 더 높은 다른 직장인의 성공 사례와 실패 사례를 자연스럽게 들려준다. 《리더라면 이렇게 한다》 책을 선물로 준비하고 읽어보기를 권한다.
소감	함께 식사하면서 파트너의 장점을 칭찬해 주었다. 내가 권한 책을 다 읽은 뒤 나와 다시 한번 상담을 하겠다고 연락이 왔다. 상대방을 이해하고 그 사람의 장점을 생각하는 것이 문제해결에 도움을 주었다.

3) 마음의 문을 닫은 파트너와 관계를 개선하려는 경우

주제	마음의 문을 닫은 파트너에게 어떻게 다가가야 할까요?
대상	나와 상대방(파트너)
내 입장	나는 최선을 다해 꾸준히 후원했는데 파트너가 전화도 받지 않고 시스템 미팅에도 참석하지 않아 섭섭하다.
상대방 입장	사업이 잘 되지 않아 내게 맞지 않는 사업이라는 생각이 들고 그동안 사업하면서 보낸 시간이 아까워 아무하고도 말하기가 싫다.
창의적 해결	마음을 닫은 파트너이므로 마음의 문을 여는 과정이 필요하다. – 1단계 : 파트너와 함께한 추억의 장소나 같이 찍은 사진, 힘을 주는 좋은 글귀를 메시지로 보낸다. – 2단계 : 파트너가 생각나는 순간에 '보고 싶은 마음, 함께하고 싶은 마음'을 표현한다. – 3단계 : 사업을 하면서 도움이 필요하면 언제든 돕겠다는 의지를 표현한다. – 4단계 : 파트너에게 정성이 담긴 손 편지와 작은 선물을 우편으로 보낸다. 파트너가 긍정적인 메시지를 보내오면 만난다. – 처음 만남 : 파트너의 근황과 마음 상태를 경청(설명은 최소화). – 두 번째 만남 : 사업상 도움이 필요한 니즈를 파악하고 지원 방법을 모색.
소감	파트너의 아픔을 이해하고 공감하면서 단계적 해결로 더욱 성숙한 사업가가 되었다. 역시 억지사지 사고를 바탕으로 한 인간관계는 매우 중요하다.

4. 역지사지 인간관계 효과

1) 역지사지 인간관계 효과

첫째, 인간관계가 좋아진다. 내가 상대방의 입장에 서서 생각하면 상대를 이해하고 공감할 수 있다. 이렇게 이해하고 공감하면 내가 상대방을 좋아하고 존중할 수 있다. 그러면 상대방도 내게 호감이 생겨 인간관계가 좋아진다.

둘째, 리더십이 생긴다. 원만한 인간관계를 형성해야 함께하는 사람이 나를 받아들인다. 특히 역지사지를 바탕으로 한 인간관계 속에서는 많은 사람이 나를 따르므로 내게 리더십이 생긴다.

셋째, 업무에서 성과가 난다. 인간관계를 바탕으로 함께하는 사람들 사이에는 결속력 있는 팀워크가 생기고 팀원들은 서로 친밀감을 느낀다. 이 경우 같은 비전을 공유하고 목표를 향해 함께 나아갈 수 있어서 업무의 능률이 오르고 큰 성과가 난다.

넷째, 삶이 행복해진다. 우리는 인간관계 속에서 삶의 행복과 보람을 느낀다. 역지사지를 기반으로 가정과 사회에서 화목하게 지내면 즐거움과 활력이 따르고 좋은 친구들도 많이 생기니 인생이 행복해진다.

다섯째, 국가와 사회가 건강해진다. 오늘날 우리는 의사소통 부재와 세대 간의 견해 차이로 상당한 사회적 갈등을 빚고 있다. 또한 수많은 디지털 매체가 전달하는 많은 정보들이 현대사회를 살아가는 우리에게 스트레스를 안겨주고 있다. 이런 상황에서 벗어나 국가와 사회가 건강해지려면 내가 바뀌고 우리가 바뀌어 서로 상대방의 입장에 서서 이해하고 인정하는 역지사지가 필요하다.

2) 역지사지 인간관계 적용 효과 사례

50대 후반 전 갤러리 대표

역지사지 하브루타 교육은 나에게 매나테크 사업에서 자신 있게 한 걸음 내딛을 힘과 용기를 주었다. 그렇게 한 걸음을 내딛으니 두 걸음, 세 걸음도 쉽게 나아갈 수 있었다. 이 교육 덕분에 나는 새로운 비즈니스인 매나테크 사업에서 큰 성공을 이루겠다는 꿈을 얻었다.

혼자가 아니라 모두가 힘을 합해 살아갈 때 우리는 인생에서 어울림의 미학으로 진정한 성공을 이룰 수 있다. 이러한 인식 아래 역지사지 인간관계를 하브루타 사고방식으로 습관화해 진정한 팀워크를 발휘함으로써 성공하는 나를 만들겠다.

30대 중반 대기업 직장인

대학을 졸업하고 직장에 다니면서 많은 건강기능식품을 섭취해 보았지만 앰브로토스라는 제품은 나에게 아주 특별했다. 건강을 획기적으로 개선시켜 주는 제품이어서 누군가에게 전달하고 싶은 욕구가 생기는 것은 당연한 일이었다.

매나테크가 안겨줄 미래의 부는 나에게 희망이었다. 그러나 전달은 생각보다 어려웠고 사업을 하는 것이 내게는 벅찬 느낌이었다. 다행히 역지사지 인간관계 하브루타 교육으로 가치 있는 사업을 재미있게 하는 방법을 익혀 큰 도움을 받았다.

60대 중반 전 대학교수

유대인과 우리 민족은 닮은 점이 많다. 두 민족 모두 오랜 기간 고난을 받았으면서도 민족 고유의 정체성을 잃지 않고 오히려 고난을 딛고 일어섰다.

약 2,000년 동안 전 세계에 흩어져 살게 된 유대인은 오늘날 세계의 심장인 미국의 정치, 경제, 과학 등 전 분야의 중심에 있다. 이렇듯 유대인이 저력을 발휘하는 바탕에는 교육이 있는데, 2,000여 년 동안 1,000번 이상 외세의 침략을 받고도 세계 10위 경제대국이 된 대한민국도 마찬가지다.

역지사지 인간관계 하브루타 사고로 사업 성장은 물론 한국인과 유대인의 교육을 생각해 보는 것은 아주 좋은 경험이었다.

40대 초반 전 국제회의 스페셜리스트

나는 국제회의 관련 일을 하면서 쌓아온 많은 경험을 살려 매나테크 사업을 시작했다. 기업 조직이 업무 중심으로 일한다면 매나테크는 인간관계 중심으로 일을 하는 사업이다. 그

동안 여러 시행착오도 겪었지만 역지사지 인간관계 하브루타 교육으로 내게 부족했던 부분을 채워 넣을 수 있었다. 아울러 이것은 내게 영향력 있는 리더십을 키우는 계기가 되었다.

이 교육으로 나의 비즈니스도 보다 폭넓게 성장하리라고 확신한다. 살다 보면 종종 사람 사이에 문제가 생기기도 하지만 어떤 문제든 반드시 해결할 수 있다. 역지사지 인간관계를 알고 그대로 따르기만 한다면 말이다.

40대 후반 약국 대표

14년 전 매나테크와의 만남은 내 인생에서 가장 소중한 인연이었다. 당시 부모님의 심각한 건강 문제를 글리코영양소로 해결할 수 있어서 지금도 감사하며 살고 있다. 이를 계기로 나는 매나테크 비즈니스에 뛰어들었지만 약학을 전공하고 25년 동안 병원과 약국에서 주로 환자들과 소통하다가 비즈니스 소통을 하려니 어려운 점이 많았다.

다행히 그 어려웠던 소통 문제를 하브루타 교육으로 해소

했다. 매나테크 사업에서 경험한 역지사지 인간관계 하브루타 역시 내게는 또 하나의 소중한 만남이다.

50대 중반 전 회계사

나는 안정적인 직장생활을 하던 중 건강에 문제가 생겨 매나테크를 소개받았다. 덕분에 건강을 회복한 후 나는 많은 사람들에게 나의 경험을 알리고 매나테크를 소개하면서 사업을 시작했다. 사업을 진행하면서 무엇보다 어려웠던 것은 인간관계였다. 이를 여러 가지 방법으로 극복하려 노력하던 중에 만난 역지사지 인간관계 하브루타 교육은 내게 샘물과도 같았다.

나는 역지사지 인간관계 교육 과정에서 사람들을 더욱더 잘 이해할 수 있었고 창의적인 방법도 찾아냈다. 매나테크 사업자들에게 이 과정을 적극 추천한다.

60대 중반 엔지니어링사 고문

장교 시절 연매출 1조원 기업을 만들어보겠다는 꿈을 꾸었던 나는 건설 회사, 엔지니어링 회사, 외자유치 사업 등 굵직굵직한 사업을 직접 해보았다. 그때 내가 느낀 것은 '하이 리턴'을 위해서는 '하이 리스크'를 감수해야 한다는 것이다.

엔지니어링 회사의 대표이사로서 내 업무의 종착역으로 갈 즈음, 나는 딸아이의 건강 문제로 매나테크를 만났다. 그런데 이 사업은 알면 알수록 내 인생을 걸어도 좋겠다는 생각이 들 만큼 '하이 리턴, 노 리스크' 사업이었다. 나는 결국 대표이사직을 그만두고 매나테크 사업에 뛰어들었고 역지사지 인간관계 하브루타 교육으로 한 번 더 업그레이드된 나를 발견했다.

제 2 부

파트너 '청출어람' 만들기

사업파트너는 누구이고, 어떤 사람을 영입해야 하고,
어떻게 사업에 정착시킬지에 대한 지원 및 후원하는 방법이
안내되어 있다. 나보다 더 뛰어난 파트너를 육성하기 위한
스폰서들의 실천적인 방법들이 제시되어 있다.

1장
사업파트너 이해

1. 사업파트너의 의미

1) 파트너는 나와 한배를 탄 가족이다

파트너는 가족 같은 사람이자 책임과 의무를 다해 사랑으로 함께해야 하는 대상이다. 매나테크 사업으로 맺어진 파트너는 평생 함께하는 공동 운명체이며 결속력이 강할수록 성공 확률이 높다.

2) 사업성과를 창출하는 비즈니스 파트너다

파트너는 사업으로 함께 수익을 창출한다. 또한 경제적 가치를 높이는 사업 영역에서 함께 상생하는 동료이자, 협업 관계로 팀워크를 다지며 공동 목표를 향해 동반 성장을 도모하는 관계다.

3) 결속력이 강한 공동 운명체다

매나테크에서 파트너는 게마인샤프트와 게젤샤프트가 결합된 의미다. 게마인샤프트는 지인이나 혈연 등으로 깊이 연결된 자연발생적 커뮤니티를, 게젤샤프트는 이익·기능·역할로 연결된 인위적인 커뮤니티를 뜻한다.

2. 적합한 사업파트너의 모습

① 매나테크의 위대한 가치와 비전을 많은 사람들에게 전하고자 하는 큰 꿈이 있는 사람이다.
② 사업 목표에 집중하고 액션을 습관화하며 그룹 시스템에 헌신하는 리더다.
③ 그룹의 핵심 정신인 감사와 긍정, 사랑, 존중을 기반으로

한 적극적·긍정적·능동적인 리더다.

3. 사업파트너의 사업 활동 이해

1) 매나테크 제품의 우수성과 효과를 가망고객에게 알린다

① 리테일과 영입활동을 즐기면서 건강과 경제적 풍요를 누릴 수 있는 사업임을 알린다.

② 다양한 고객의 니즈에 맞는 제품 지식을 갖추게 한다.

③ 원활한 소통으로 고객과 신뢰를 구축하는 방법을 안내한다.

2) 가망사업자를 영입한다

가망고객 한 사람은 200명 이상에게 영향력이 있다. 그러므로 한 사람, 한 사람을 만날 때마다 200명을 대하는 마음으로 미팅에 임해야 한다.

이 사업 정보는 누구에게는 꼭 필요한 것이므로 진실하게 전달해야 한다. 누가 누구에게 전달하게 될지는 아무도 모른다. 따라서 이미지 관리를 위해 항상 밝고 깨끗한 용모를 갖추고 여유와 포용력 있는 자세로 임한다.

3) 스폰서와 협업해 성과를 창출한다
① 스폰서와 함께 매달 목표를 정하고 계획을 수립한다.
② 스폰서를 미리 프로모션 하고 미팅을 진행한다.
③ 목표 관리와 성과 관리뿐 아니라 효과적인 업무 수행까지 도모한다.

4) 매나테크 사업가들과 좋은 관계를 유지한다
　역지사지 인간관계 리더십으로 타인을 이해하고 창의적으로 성장시키는 리더가 되도록 노력한다. 또한 끊임없이 자기계발을 시도하는 리더로서 '누군가가 해야 하는 일이 있다면 내가 한다'는 마음가짐으로 솔선수범한다. 나아가 팀 발전을 위해 수고하고 봉사하는 리더에게 고마운 마음과 예의를 표한다.

4. 사업파트너의 성장 비전

1) 구체적인 사업 성장 비전을 꿈꾼다

피트너와 함께 꿈을 나누며 드림북을 만들어 시각화한다. 이때 매나테크 사업에서 크게 성공한 미래를 상상하도록 많은 사례를 접하게 한다. 특히 4MAT(Why, What, How, If) 방식을 활용해 본인 관점에서 매나테크의 비전이 무엇인지 작성해 본다.

성장 비전 4MAT 이해

"4MAT는 인간이 어떻게 배움을 실행하는가를 보여주는 이론입니다. 나는 배움과 삶이 같은 단어라고 생각합니다. 배우지 않는 사람은 죽은 것과 같습니다. 우리는 항상 배우며 살아가야 합니다. 그래서 인간이 어떻게 배움을 실행하는지 연구하는 것은 무엇보다 중요합니다."

– 버니스 맥카시, 4MAT 창시자

〈 프로그램 기획 4MAT 작성 실습 〉

Why	나는 왜 매나테크 사업을 하는가?
What	매나테크 사업의 비전은 무엇인가?
How	매나테크 사업을 어떻게 진행할 것인가?
If	매나테크 사업을 하면 어떤 결과를 얻을 수 있는가?

2) 경제 성장 비전으로 윤택한 삶을 만든다

매나테크 사업은 '돈'이 아닌 '시간'을 투자해 자산을 만드는 일로 당장의 소득이 아니라 지속적인 소득을 창출한다. 나아가 경제적, 시간적 자유를 얻게 해준다.

3) 나눔 성장 비전을 추구하며 완성된 삶을 구축한다

매나테크는 사회적 기업으로, 핵심 가치는 건강, 풍요, 나눔이다. 많은 사람들이 건강하고 시간적, 재정적 여유가 생기면 봉사와 기부하는 삶을 살고 싶다고 한다. 현실을 보면 이를 실행에 옮기는 사람은 극소수에 불과하다.

그렇지만 매나테크 성공자는 시스템 속에서 나눔을 실천하는 삶을 살아간다. 매나테크 회원이 되어 제품을 소비하면 M5M재단을 통해 자동으로 기부 활동에 참여하게 된다.

2장
사업파트너 영입

사업 성장을 위해서는 내 팀에 소비자와 리더 사업가가 함께 있어야 한다. 매나테크 사업에는 "100명의 소비자보다 10명의 리더가 중요하고, 10명의 리더보다 한 명의 빅리더가 더 중요하다"는 말이 있다. 실제 사업에서는 소비자와 리더, 빅리더가 골고루 섞여 있어야 한다.

빌딩을 지을 때 철근도 필요하고 자갈과 시멘트도 필요하듯 빅리더와 리더, 소비자가 잘 혼재된 것이 좋은 구성이다.

1. 사업파트너 발굴 기준

사업파트너를 발굴할 때, 초기 몇 개월은 제품 경험에 따른 나의 체험 사례와 사업 비전을 전달하는 것으로 시작한다. 초기에는 가능한 한 많이 만나 경험을 쌓는 것이 필요하다. 일단 경험을 쌓은 후에는 사업파트너 발굴 기준을 정립한다.

1) 긍정적인 사람

성공한 사람들은 대부분 마인드가 긍정적이고 추진력이 있으며 배우려고 하는 의지와 인내심, 적극성이 강하다. 이들은 사업파트너로서 가장 유력한 대상이다.

2) 꿈과 목표가 있는 사람

세상의 모든 발명품은 상상력의 힘에서 나왔고 그 상상력은 구체적이고 명확한 꿈과 열망에서 나온다. 꿈이 있는 사람의 눈빛은 특별하며 보이지 않는 미래를 보는 열망의 눈빛을 드러낸다. 그리고 그 열망은 사람들에게 감동을 준다.

꿈과 목표를 설정하고 구체적인 세부 계획을 수립한 다음 집중해서 행동하는 사람은 멋진 사업파트너가 될 수 있다. 특히 어떠한 난관에도 꿈과 목표를 잃지 않는 GRIT(기개, 끈기) 소유자라면 성공은 당연히 따라올 수밖에 없다

3) 성공을 경험한 사람

다른 분야에서 성공한 경험이 있는 사람은 무엇을 하든 자신감이 있고 성공하겠다는 의지가 강하다. 작은 일에서 성취를 맛본 사람도 마찬가지다. 성공자는 자신이 하는 일에 사명감을 보이고 일을 즐긴다. 특히 사명감을 가지고 매나테크 사업을 즐기면서 하는 사람은 다른 사람들보다 크고 빠르게 성공할 수 있다.

4) 성공하고 싶은 간절함이 있는 사람

성공한 사람들은 '간절함이 있다'는 특징을 보인다. 그중에는 말로만 성공을 외치고 실제로는 사업에 집중하지 못하는 사람도 많은데 이들은 절대 성공할 수 없다.

모든 일에서 사업과 시스템을 우선순위로 두는 사람에게는 간절함이 있다. 설령 지식이나 능력이 좀 부족해도 결국에는 간절함이 있는 사람이 더 크게 성공한다.

5) 실행력이 있는 사람

성공은 자아성취와 자기발전을 이루려는 의욕에서 비롯되고, 의욕은 더 나은 삶을 위한 욕구에서 시작된다. 성공을 갈망하는 사람은 어떤 상황에서도 자신이 원하는 목표와 계획을 실천하고 앞으로 나아간다.

지금까지 말한 특징을 사업파트너 영입 기준으로 삼아야 한다. '행동이 답이다. 그 답은 성공이다.'

사업파트너 발굴 체크리스트

① 매우 그렇지 않다 ② 그렇지 않다 ③ 보통 ④ 그렇다 ⑤ 매우 그렇다

항목	①	②	③	④	⑤
긍정적인 사람인가?					
꿈과 목표가 있는 사람인가?					
성공을 경험한 사람인가?					
성공하고 싶은 간절함이 있는 사람인가?					
실행력이 있는 사람인가?					

2. 사업파트너 발굴 경로

1) 가족이나 지인을 직접 발굴

가족이나 지인을 사업파트너로 발굴하는 것은 가망사업자의 상황을 잘 알기에 나의 신념 체계가 확고할 경우 바로 전달할 수 있는 경로다.

사실 가장 쉽고도 어려운 상대가 가족과 지인이다. 빠른 성과가 나올 수도 있지만 반대로 시간이 오래 걸릴 수도 있기 때문이다. 물론 가족은 시간이 지나면 언젠가는 합류한다.

단지 가족은 나를 무척 아끼기 때문에 걱정하고 반대하는 것이다. 그러므로 너무 성과에 급급하지 말고 나의 모습이 변해가는 것을 보여주는 게 우선순위다. 빠른 성과를 내기보다 내가 변화하고 성공하는 모습을 보고 그들이 스스로 따라오게 만드는 것이 좋은 방법이다.

가족이나 지인을 직접 발굴하는 Tip & 사례

Tip 너무 성급하게 서두르지 말고 내가 변해가는 모습을 보여주면서 가족의 신뢰를 이끌어낸다.

사례 지인 중 미국에서 교환교수로 계신 분이 있었다. 미국 매나테크 본사 행사를 마친 뒤, 그분을 만나서 매나테크 이야기를 해도 관심을 보이지 않았다. 몇 년 후 그분이 한국에 돌아왔을 때, 나의 변한 모습을 보고 깜짝 놀랐다. 본인의 건강문제로 인해, 다시 한 번 자연스럽게 제품을 설명했고, 섭취 후 건강이 좋아졌다. 이후 그분은 다른 사람들에게 매나테크 제품의 우수성을 열정적으로 소개해 주었다.

2) 소개를 통한 사업자 발굴

매나테크 제품의 효과를 경험한 사람에게 건강상의 고민이 있거나 함께 사업을 하고 싶어 하는 사람들을 소개받는다. 이때 소개받는 사업자 발굴 경로로 '호일러의 법칙'을 활용하면 성공 확률이 높아진다. '호일러의 법칙'이란 제3자(스폰서)를 활용함으로써 효율을 높이는 방법을 말한다. 왜냐하면, 내가 아는 사람은 나를 전문가로 보지 않기 때문이다.

소개를 통한 사업자 발굴 Tip & 사례

Tip 최대한 예의를 갖추고 신뢰감을 줄 수 있는 자세로 상대를 만난다. 소개자(파트너)에게 상대방이 무엇을 원하는지 미리 듣고 만나므로 필요한 자료를 준비한다. 파트너는 동행한 스폰서를 프로모션하고 진지하게 경청하는 자세를 취한다.

사례 파트너의 지인을 만나러 간 사례

파트너 : 안녕하세요? 오랜만입니다. 잘 지내셨죠? 오늘 다이어트 전문가를 모시고 왔습니다. 다이어트 상담과 관리 경험이 풍부하신 분인데 특별히 시간을 내주셨어요.

스폰서 : 안녕하세요? 매나테크의 OOO입니다. 처음 뵙겠습니다. 배가 많이 나와서 고민이시라고 들었습니다. 걱정하지 마세요. 건강도 찾고 배도 들어가게 해주는 비밀 병기가 있답니다. 먼저 건강 체크 설문지를 작성한 뒤 상담을 해드리겠습니다(생활습관, 식습관, 건강상태 등을 자세히 파악하고 고객 니즈에 맞는 다이어트 프로그램으로 안내한다).

이후 파트너의 철저한 관리로 고객은 다이어트에 성공했다. 고객은 스스로 달라진 모습을 보고 또 다른 분을 소개했고 지금 활발한 사업가로 활동하고 있다.

3) 콜드컨택으로 사업자 발굴

전혀 모르는 사람을 컨택하는 경우로, 발굴에 성공할 확률이 낮고 고도의 스킬이 필요하므로 미리 꼼꼼하게 전략을 세워야 한다. 특히 콜드컨택은 지역이나 범위를 정해놓고 자주 방문해 신뢰부터 쌓아야 하므로 시간이 걸린다. 일단 신뢰를 쌓으면 지인보다 더 빨리 사업에 합류할 수도 있다.

콜드컨택 Tip & 사례

Tip 주기적인 방문으로 신뢰를 쌓는 것이 중요하다. 이때 마이 스토리와 자료를 준비한다. 또한 의도적으로 인연 만들기를 위해 독서, 취미, 자기계발등 각종 모임에 적극적으로 활동한다.

사례 온라인 독서 모임에서 사업자를 발굴한 사례
A는 온라인 독서 모임에서 자기소개를 했고 그때 건강 사업에 관심이 있던 B가 A의 이야기를 듣고 연락을 했다. A가 오프라인에서 B를 만나 보니 건강 문제로 고민 중이었고 새로운 일도 찾고 있었다.
A는 자신의 체험과 경험을 B에게 알려주었고 B를 강의와 시스템으로 안내했다. B는 꼼꼼히 검토한 후 제품 체험과 동시에 기초사업자 과정에 참여했다. 이후 B는 건강을 회복하고 사업도 왕성하게 진행하고 있다.

3. 사업파트너 발굴 활동과 사례

파트너 발굴 활동은 크게 혼자서 발굴하는 1:1 미팅과 스폰서와 함께 발굴하는 2:1 미팅으로 나눌 수 있다. 어떤 경우든 사업자가 가망고객을 만나러 갈 때는 신뢰감을 높여주는 전문가다운 깔끔한 복장, 헤어스타일, 메이크업, 자료 등을 잘 준비해 자신감 있는 모습과 정확한 말투로 미팅을 진행해야 한다.

사업에 성공하려면 명단이 필요한데 '명단은 계획이고, 계획은 실행이며, 실행은 곧 성공으로 가는 지름길'이다.

먼저 명단을 작성하고 우선순위를 위한 체크리스트를 작성해 보자. (다음의 표 참조)

〈명단 작성 체크리스트〉

No	이름	성별 나이	연락처	지역	직업	신뢰도			경제력			건강			바쁜정도			기타
						상	중	하	상	중	하	상	중	하	상	중	하	

표의 상중하에서 먼저 '하'에 속하는 사람들을 상대로 연습한다. 그런 다음 노하우와 실력을 갖추고 '상'에 속하는 사람들을 사업파트너로 발굴하는 과정에 활용한다. 단, 이것은 상황에 따라 달리 적용할 수 있으므로 반드시 스폰서와 상담해서 진행한다.

1) 혼자서 발굴하는 경우, 1:1 미팅

명단을 작성하고 아는 사람을 1:1로 만날 때는 그 사람과 어느 정도 신뢰관계가 쌓여 있기 때문에 영입하기가 쉽다. 이럴 경우 먼저 상대방의 근황을 듣고 자신이 제품 경험으로 얻은 '마이 스토리'로 마음의 문을 여는 것이 중요하다. 이때 친하다고 너무 많이 이야기하기보다 시간이나 우선 기준을 정해 놓고 미팅을 진행해야 성공 확률을 높일 수 있다. 준비한 자료는 미팅이 끝난 후 중요 부분을 표시해 주고 며칠 뒤 새로운 자료로 교체해 주기로 하고 약속을 잡는다.

상담 사례

사례 기업체 임원으로 근무한 A씨.

평생 직장생활을 하면서 임원으로 승진해 많은 사람의 존경을 받았던 기업체 임원은 퇴직 후 스트레스로 건강이 악화됐다.

상담 성공 포인트
– 마이 스토리와 체험 사례를 전한다.
– 과학적, 의학적 근거 자료를 제시한다.
– 인세소득과 퇴직 후의 또 다른 사업기회를 안내한다.

사회적으로 이미 성공한 분이므로 많은 설명을 하기보다는 본인이 스스로 확인하도록 정보를 안내하는 것이 훨씬 효과적이다. (이분은 자료를 검토한 뒤 스스로 제품 섭취를 선택했고 이후 건강이 좋아지면서 현재 활발한 사업자로 활동하고 있다).

2) 스폰서와 함께 발굴하는 경우, 2:1 미팅

2:1 미팅에는 스폰서의 경험과 사전 시뮬레이션, 컨택 전략 협의가 필요하다. 먼저 스폰서에게 영입하려 하는 가망사업자의 사전 정보(나이, 성품, 성향, 취미, 가족관계, 가족력, 학력, 원하는 것 등)와 사업 또는 제품에 관심이 있는지를 스폰서에게 미리 알려준다. 스폰서는 사전에 준비하고 미팅에 임

하므로 발굴 확률이 높아진다.

특히 2:1 후원을 할 때 파트너는 가망사업자에게 스폰서를 프로모션 해서 신뢰와 기대감을 가지게 한다. 그래야 가망사업자가 스폰서의 말을 경청할 준비를 할 수 있다. 스폰서 역시 가망사업자에게 함께하는 파트너를 칭찬하며 결속된 모습을 보인다. 이 경우 가망사업자는 평소 자신이 알던 친구나 지인이 멋진 사업가로 변신한 모습을 보고 사업에 관심이 높아져 영입 확률이 높아진다.

스폰서와 함께 가망사업자를 발굴한 사례

사례 파트너의 친구인 직장인 A를 만나러 스폰서가 함께 간 사례

파트너: 오랜만이야. 잘 지냈지? 오늘 시간 얼마나 있어?(시간 확인 후 상담을 시작한다.) 매나테크 사업을 오랫동안 안정적으로 진행하고 계신 성공자 분을 모시고 왔어. 궁금한 거 있으면 편하게 다 여쭤봐.

스폰서: 안녕하세요. 처음 뵙겠습니다. 인상이 참 좋으시네요. 누구나 부러워하는 안정된 직장에 다니시는데 다른 사업에 관심이 있으신가요?

직장인 A: 네. 지금은 안정적이지만 퇴사할 시간이 얼마 남지 않아 퇴직 후 무엇을 해야 하나 고민하고 있어요. 친구가 저와 같은 상황이었는데 지금

은 매나테크에서 소득이 안정적으로 발생하고 있더라고요. 저도 귀가 번쩍 뜨여서 알아보려고요.

스폰서 : 아, 그러셨군요. 제 이야기를 잠깐 해드릴게요. 저도 남들이 다 부러워하는 안정된 직장을 20여 년 다니다가 건강 문제로 매나테크를 만나 제품을 섭취했는데, 예전에 안좋았던 부분이 사라지고 지금은 아주 건강해졌습니다, 제가 건강해지고 에너지가 넘치니 주변 분들이 자연스럽게 물어보시더라구요. 그래서 한 사람, 두 사람 이야기하다 보니 회원 수가 늘어나면서 자연스럽게 비즈니스를 진행하게 되었고 지금은 매나테크 사업을 한 지 17년 차입니다. 회사에서 20년 근무했을 때 제 연봉이 대기업 부장 정도 수준이었는데 지금은 그것의 4배 정도를 받으며 신나게 하고 있습니다. 앞으로 평균수명 100세 시대라고 하는데 건강과 재정이 가장 큰 문제죠. 매나테크는 과학을 기반으로 제품을 개발하고 나스닥에 상장된 공신력 있고 투명한 기업입니다. A님, 제가 17년 동안 쌓은 노하우를 아낌없이 공유하고 안내해 드릴 테니 멋진 팀워크로 친구분과 함께 비즈니스를 해보시면 좋겠습니다. 매나테크는 비즈니스뿐만 아니라 사회적 기업으로서 영양실조 아이들을 돕는 데도 동참하고 있습니다.

직장인 A : 대단한 회사네요. 그런 회사라면 저도 동참해서 비즈니스를 해보겠습니다. 친구처럼 저도 꼭 성공하고 싶습니다. 많이 도와주세요.
(이후 A는 시스템에 집중하며 열심히 사업가로 활동하고 있다)

3) 가망사업자 미팅 시 참고사항

» 가능한 한 짧게 설명하고 호기심을 유발한다.

» 미팅 초대를 원칙으로 한다.

» 시스템에 합류해 성장하게 한다.

» 간단한 자료를 전해주고 48시간 안에 반드시 다시 만난다.

» 파트너가 가망사업자에게 스폰서를 프로모션해야 성공 확률이 높아진다.

» 가망사업자의 니즈에 집중하지 않고 본인 이야기만 계속하면 영입 확률이 낮아진다.

» 파트너는 스폰서가 이야기할 때 끼어들지 않는다.

» 미팅 중 파트너가 실수할 때 그 자리에서 내색하지 않고 미팅이 끝난 뒤 따로 이야기한다.

» 스폰서와 파트너가 멋진 팀워크를 보여준다.

4. 사업파트너 발굴 Q&A

1) Q : 제품 효과가 그렇게 좋은데 왜 약으로 나오지 않고 건강식품으로 나왔나요?

A : 약으로 허가되려면 다음 조건을 갖춰야 합니다.

첫째, LD50(약물을 투여했을 때의 치사량)를 충족해야 합니다. 둘째, 약물 상호작용이 있어야 합니다. 셋째, 질병명과 적응증이 반드시 있어야 합니다.

FDA 가이드라인(guideline)에 따라 글리코영양소를 약으로 허가받으려 했으나 위의 3가지 조건에 부합하지 않아 건강기능식품으로 허가를 받았습니다. 글리코영양소는 독성이 없고 약물과의 상호작용도 없습니다. 또한 인체 전반에 걸쳐 영양소로 작용하기 때문에 누구나 안전하게 섭취할 수 있는 영양소입니다.

2) Q : 제품은 좋은데 왜 네트워크 마케팅으로 유통하나요?

A : 미국에서 제품을 개발한 후 처음에는 일반 유통으로 판

매했습니다. 그런데 소비자에게 새로운 물질(글리코영양소)을 정확히 설명하기 어려워 소비자가 제대로 이해하지 못했고, 개개인마다 다르게 나타나는 반응을 부작용으로 오해하는 경우가 발생해 체계적인 설명이 필요해졌습니다. 결국 매나테크는 컨설팅 자문을 받아 유통 방법을 네트워크 마케팅 방식으로 전환했습니다. 광고를 하지 않고 사람들에게 글리코영양소를 교육하는 방식을 선택해 제품을 체험한 사람들이 자신의 경험을 전하는 시스템을 갖춘 것입니다.

3) Q : 저는 일이 바빠서 시간을 내기 어렵습니다.

A : 많이 바쁘시군요. 그런데 바쁜 분들이 시간 관리를 더 잘 하시더라고요. 매나테크 비즈니스는 많은 시간을 투자하는 일이 아니고 시간을 조금만 내셔도 이 사업을 알아보는 데 충분합니다. 집에서 편하게 차 한 잔 마실 시간 정도만 내시면 됩니다. 요즘은 온라인 시스템인 유튜브나 줌(zoom)을 활용하는 방법도 잘 갖춰져 있습니다. 지금 하는 일을 지속하면서 얼마든지 사업을 할 수 있습니다.

4) Q : 저는 아는 사람도 별로 없고 판매하는 것은 절대 못합니다.

A : 네트워크 마케팅은 유통 이익을 남기는 '판매'가 아니라 생산자와 소비자의 직거래 시스템에서 정보를 전달하는 방식입니다. 맛집을 지인들에게 알려주는 것처럼 제품이나 사업을 필요로 하는 사람에게 정보를 주어 연결해 주는 일입니다. 당장 아는 사람이 별로 없어도 소개를 받아 많은 사람들에게 전달할 수 있습니다. 이미 입증된 여러 가지 시스템이 있으니 차근차근 참여해 보시기를 추천합니다.

5) Q : 남을 이용해서 돈을 버는 것이 아닌가요?

A : 우리 사회는 구조상 혼자서는 살아갈 수 없고 함께 살아가야 하는데, 잘 생각해 보면 우리는 서로에게 도움과 이익을 주는 상생 구조 속에서 살아갑니다. 예를 들어 우리가 휴대전화나 물건을 구매할 때 누군가에게 이용당해서 구매하는 게 아니지요. 내게 얼마만큼 중요하고 필요한 것인가에 따라 내가 스스로 구매하는 거라고 생각합니다.

네트워크 마케팅 회사 제품도 본인이 필요해서 구매하는

것이고 나아가 제품을 사용해 본 뒤 경험담을 들려주면서, 필요로 하는 분들과 정보를 나눕니다. 네트워크 마케팅의 핵심 가치는 남을 이용해서 돈을 버는 것이 아니라 성공을 원하는 사람들이 서로 도우며 윈윈(win-win)하는 데 있습니다.

6) Q : 가족이 반대해요.

A : 가족이 반대해서 많이 속상하시죠? 저도 남편이 반대해서 무척 힘들었어요. 알고 보니 반대하는 이유가 우선은 저를 아끼고 사랑하기 때문이고 또 제가 이상한 다단계에 빠져 있는 줄 알고 걱정스러워서 그런 것이더라고요. 이렇게 아끼고 사랑하는 마음으로 가족이 반대하는 것은 충분히 이해가 갑니다.

그렇지만 열정을 다해 열심히 노력하고 변화하는 모습을 보여주면 가족이 가장 먼저 축하해 주고 혜택도 가장 많이 봅니다. 그 이후에는 최고의 지지자가 가족이에요. 저는 요즘 가족과 함께 여행을 다니면서 즐거운 시간을 보내고 있습니다.

○○○님도 그렇게 되실거예요. 비전을 보셨으니 급하게 생각하지 마시고 꾸준하게 진행하시면 원하시는대로 되실거에요.

7) Q : 만병통치약이네요.

A : 우리 인체는 수십조개의 세포로 구성되어 있습니다. 세포는 우리 몸에서 다양한 기능을 하도록 설계되어 있는데 원료가 되는 영양소만 제대로 공급해 준다면 세포는 원래 기능을 잘 수행합니다.

약은 문제가 생겼을 때 적응증에 맞춰 사용하는 것이기 때문에 약과 영양소는 그 역할이 다릅니다. 이 세상에 만병통치약은 없습니다. 다만 필수영양소를 공급받아 인체 세포가 정상화되면 인체의 자연치유력이 극대화되는 것입니다.

8) Q : 제품은 정말 좋은데 가격이 비싸요.

A : 네, 가격이 만만치 않죠? 저도 처음엔 그렇게 생각했습니다. 그럼 싼지, 비싼지는 무엇으로 비교할까요? 가령 자동

차끼리만 비교하면 알기 쉽게 모닝, 그랜저, 벤츠를 예로 들 수 있겠지요. 그런데 만약 비행기와 비교하면 어떨까요? 자동차와 비행기는 분명 차원이 다른 교통수단이라 비교할 수 없겠지요.

마찬가지로 글리코영양소도 비타민, 미네랄 등 다른 영양소와 차원이 다른 영양소입니다. 글리코영양소를 이루는 8가지 성분 중 핵심 성분인 만노즈를 예로 들면 청정지역 코스타리카에서 생산한 알로에 660킬로그램에서 단 1킬로그램만 추출하므로 원료 자체가 비쌀 수밖에 없습니다. 그리고 혜택을 받아 드실 수 있는 다양한 방법도 있습니다.

9) Q : 얼마나 언제까지 먹어야 하나요?

A : 글리코영양소는 세포 본연의 기능을 회복 할 수 있도록 도와줍니다. 따라서 약처럼 특정 기간 동안 복용하는 것이 아니라 평생 매일 섭취하는 것이 중요합니다. 우리는 생존을 위해 매일 음식을 먹어야 하고 글리코영양소는 우리의 세포에 줄 수 있는 가장 중요한 음식이므로 건강기능식품 형태로 매

일 섭취해야 합니다.

아래에 분류한 것은 전 미국 대체의학 협회 회장을 역임한 스티브 뉴전트 박사의 조언에 따라 포괄적 범주로 나눠 글리코영양소 사용 방법을 제안한 것입니다.

처음에는 최소 4~6개월 집중해서 섭취하고, 이후에는 개인의 건강 상태에 따라 사용량을 조절하면 됩니다. 약이 아니므로 자연 치유력을 회복할 때까지 충분히 공급해 주어야 합니다.

분류 1. 스스로 건강하다고 믿는 사람
분류 2. 질병이 있거나 몸이 불편한 사람: 2~4배
분류 3. 생명 유지를 위해 투병 중에 있는 사람: 6~8배 이상 사용해도 됨

* 스티브 뉴전트, 《잃어버린 영양소》 pp.71~74 참조

10) Q : 글리코영양소가 그렇게 좋은데 왜 제 주치의는 못 먹게 하나요?

A: 그 의사 선생님이 글리코영양소를 교육받은 분인지 확인해 보세요. 만일 글리코영양소를 알지 못한다면 환자에게

올바르게 조언해 줄 수 없습니다. 글리코영양소를 아는 의사 선생님들은 당연히 섭취를 권할 것입니다.

11) Q : 글리코영양소는 안전성이 검증된 건가요?

A : 매나테크는 전 세계 6,000여 가지 식물을 조사 분석해 글리코영양소를 제품화하는 데 성공했습니다. 또한 글리코영양소는 글로벌 의학자와 과학자의 연구개발로 제품의 품질관리와 안전성을 확보했습니다. GMPs(우수 건강기능식품 제조 기준), NSF(National Sanitation Foundation/미국 위생국 인증), KOSHER(유대교 율법에 따른 식품관련 인증) 인증을 받았습니다.

3장
사업파트너의 사업 정착 지원

1. 사업파트너의 사업 정착 필요성

'초기사업자'는 보통 원대한 꿈과 목표를 갖고 호기롭게 네트워크 마케팅 세계로 뛰어들지만 사실 생소한 비즈니스 환경에 익숙하지 않다. 이는 우리 모두가 처음에 겪어본 일이다. 물론 좌충우돌 시행착오를 겪으며 살아남을 수 있으나 그 과정에서 시간을 많이 낭비하고 만다.

그 탓에 큰 비전을 안고 비즈니스를 시작했지만 정착하지 못하고 떠나는 사업자도 꽤 있다. 따라서 우리는 초기사업자의 성공을 위해 그들이 사업에 잘 뿌리내리도록 책임감을 가지고 안내해야 한다. 최종 목표는 초기사업자가 사업에 정착

해 성공하는 것이다. 그것은 곧 나의 성공이기도 하다.

2. 사업파트너의 사업 정착 기준

사업 정착 기준은 정량적(Quantitative) 기준과 정성적(Qualitative) 기준 두 가지로 나뉜다.

1) 정량적 기준

이것은 객관적인 성과, 즉 직급 성취를 의미한다. 목표를 이루는 성취감은 가장 강력한 동기부여다.

① 직급 체계에 따른 파트너 사업 정착 기준

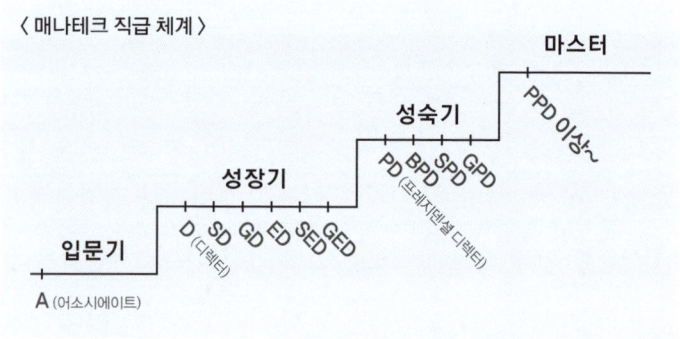

② 직급 체계 설명

| 입문기 | 어소시에이트(Associate), 즉 회원가입을 하고 제품을 소비하면서 경험하는 단계다. 이때 제품을 섭취하면서 자신에게 나타나는 변화를 면밀히 관찰하고 궁금한 것을 스폰서에게 자주 물어본다. 또한 강의를 열심히 들으며 자신이 섭취하고 있는 제품과 사업을 공부하기 시작하는 단계다.

| 성장기 | 디렉터(D)부터 골드 이그제큐티브 디렉터(GED)까지의 직급자를 포함한다. 단계별 직급 체계는 다음과 같다.

- D (Director, 디렉터)
- SD (Silver Director, 실버디렉터)
- GD (Gold Director, 골드디렉터)
- ED (Executive Director, 이그제큐티브 디렉터)
- SED (Silver Executive Director, 실버 이그제큐티브 디렉터)
- GED (Gold Executive Director, 골드 이그제큐티브 디렉터)

성장기는 나와 같은 충성 소비자를 구축하고 같은 목표를 가진 사업자를 발굴하거나 영입해 성숙기로 가야 하는 시기다. 인생에 비유하자면 청소년기라고 할 수 있다. 이때는 시스텝 집중, 교육, 독서로 가장 많은 내적 성장을 이루어내며 외적으로도 성과를 내기 시작한다.

처음 접해본 네트워크 사업이라 익숙하지는 않지만 이는 사업자로 뿌리내리기 위한 과정이다. 혼자가 아닌 LOS의 팀 파워를 발휘하면서 매나테크가 함께하는 비즈니스임을 깨닫는다. 네트워크 사업에서 배워야 할 모든 것을 가장 활발히 배우고 익히는 시기가 바로 이때다. 한마디로 네트워크 비즈니스에서 가장 많이 집중하고 익혀야 하는 시기다.

| 성숙기 | 프레지덴셜 디렉터(PD)부터 골드 프레지덴셜 디렉터(GPD)까지의 직급자를 포함한다. 단계별 직급 체계는 다음과 같다.

PD (Presidential Director, 프레지덴셜 디렉터)
BPD (Bronze Presidential Director, 브론즈 프레지덴셜 디렉터)
SPD (Silver Presidential Director, 실버 프레지덴셜 디렉터)
GPD (Gold Presidential Director, 골드 프레지덴셜 디렉터)

매나테크 비즈니스의 꽃은 PD다. 아마도 모두가 PD 성취를 위해 쉼 없이 달려왔을 것이다. 이 시기에는 말 그대로 비즈니스 성숙을 이뤄내야 한다. 이를 위해서는 나와 함께하는 파트너 PD들과 팀을 이끌고 입문기와 성장기 파트너들의 성공을 위해 전략 수립, 교육, 시스템 강화와 재정비 등을 진행해야 한다. 기업으로 치면 이사진에 해당하는 위치다. 따라서 팀의 더 큰 성장을 위해 자기계발 역시 한 단계 더 업그레이드해야 한다.

| 마스터기 | 플래티넘 프레지덴셜 디렉터(PPD) 이상 직급자를 뜻한다. 단계별 직급 체계는 다음과 같다.

PPD (Platinum Presidential Director, 플래티넘 프레지덴셜 디렉터)
1star PPD
2star PPD
3star PPD
4star PPD
CPA(Crown Platinum Ambassador)

마스터기에는 톱리더로서 그룹을 이끌 뿐 아니라 회사와 함께 정책에 참여한다. 특히 파트너들의 성공을 위해 보이지 않는 곳까지 세심하게 신경 쓰는 한편 비즈니스 성과 향상을 위해 늘 유연하게 사고해야 한다. 기업으로 치면 경영진에 해당한다. 전 세계 최고 직급자인 CPA는 아직 누구도 성취하지 못했다. CPA 기회는 우리 모두에게 공평하게 주어져 있고 노력하는 자는 누구나 그 문 안으로 들어갈 수 있다.

③ 사업가 정착 사례

1차 목표는 PD(Presidential Director)가 되는 것이다. 이 목표를 달성하기 위해서는 스폰서와 전략을 세워 사업을 함께 진행하는 것이 바람직하다.

그럼 1년, 3년, 5년 만에 PD를 성취한 사례를 살펴보자.

1년에 정착한 사례

40대 초반 부부인 A와 B는 함께 학원을 운영했다. 하지만 이들은 출산율 저하 등으로 학원의 앞날이 밝지 않다는 것을 인식하고 있었다. 학원 외에 수입을 올릴 또 다른 사업을 찾던 중 부인 B의 건강 상태 악화로 이들은 매나테크 정보를 받았다. 제품을 섭취하면서 강력한 사업 비전을 본 이 부부는 학원 사업을 접고 함께 매나테크 비즈니스에 올인해 1년 만에 PD 직급을 성취했다. 아울러 비슷한 상황에 놓인 지인들도 성공자로 이끌고 있다.

3년에 정착한 사례

30대 중반의 약사 A는 약국으로 콜드컨택을 하러 온 사업자에게 우연히 매나테크 정보를 받았다. 아버지의 중병으로 고민에 빠져 있을 때 매나테크 제품이 선물처럼 다가온 것이다. 네트워크 마케팅에는 부정적이었고 아버지와 본인 그리고 가족이 제품을 섭취하기 시작했다.

제품 섭취 후 1년 만에 미국 매나테크 본사 행사(US 매나페스트)에 다녀온 A는 매나테크를 비즈니스로 인식했다. 그래도 처음 접하는 비즈니스이기에 A는 시스템에 집중했고 약국을 경영하면서 틈틈이 비즈니스에 전념해 PD를 성취했다. 이후 많은 파트너를 성공의 자리로 안내했고 현재 매나테크 코리아에서 많은 영향력을 주는 성공자로 자리매김했다.

5년에 정착한 사례

40대 중반의 가정주부 A는 본인이 위중한 상황에 있던 중 지인에게 매나테크 정보를 받았다. 처음에는 매나테크 제품 자체를 신뢰하지 않았지만 워낙 몸 상태가 안좋아서 제품을 섭취했다. 제품을 섭취할수록 건강이 좋아졌고 그제야 자신이 먹는 제품이 무엇인지 알아보기 시작했다. 평생 가정주부로 살아온 그녀가 사업가로 변신하는 데는 시간과 노력이 필요했고 또 건강도 챙겨야 했다. 그녀는 절대 포기하지 않겠다는 결심으로 시스템 안에서 모든 것을 배우기 시작했다. 결국 그녀는 5년 만에 PD를 성취했고 지금은 건강하게 많은 사람들을 성공자로 이끌고 있다.

성공 사례는 매우 많은데 이들의 공통적인 노하우를 보면 시스템에 전념하여 배우고 익혔다는 점이다. 여러분도 시스템에 전념하면 어느 순간 성공자 위치에 도달해 있을 것이다.

2) 정성적 기준

이것은 주관적인 성과, 즉 씨를 뿌리는 시기를 의미한다. 다시 말해 더 큰 직급 성취를 위해 시스템에 참여하고 비즈니스 성장을 위해 부단히 노력하는 시기다. 이 기간에는 아무것도 이뤄지지 않는 것처럼 보일 수 있으나 이 기간을 어떻게 보내느냐에 따라 직급 성취와 비즈니스 규모가 달라진다.

① 역량에 따른 사업파트너 정착 기준

다음 성향을 지닌 사람은 사업 정착에 더 유리하고 성공 확률도 높다.

» 긍정적인 사람
» 꿈과 목표가 명확한 사람
» 사회에서 성공을 경험해 본 사람
» 성공이 간절한 사람
» 실행력이 강한 사람

② 역량에 따른 사업파트너 정착 사례

긍정적이며 실행력이 강력한 사례

매사에 긍정적이고 에너지가 넘치는 A는 매나테크 비즈니스도 즐겁게 진행한다. 특히 다이어트와 스킨케어 쪽으로 특화해 건강한 사람들을 더 건강하게, 아름다움을 추구하는 사람들을 더 아름답게 만들어준다. 존재 자체만으로도 주변을 환하게 밝혀주는 능력을 타고난 그녀는 이 능력을 강력한 액션으로 승화해 즐겁고 신나게 사업을 진행하고 있다. 그녀에게는 네트워크 비즈니스를 색안경을 끼고 바라보는 사람들의 시선 따위는 중요하지 않으며 당당함과 자신감, 긍정으로 똘똘 뭉쳐 있다.

목표지향적이며 실행력이 강력한 사례

평생 개인 사업을 해온 A는 매나테크 비즈니스도 사업다운 사업으로 진행한다. 매달 목표를 향해 거침없이 실행하는 A는 개인 목표, 팀 목표를 이루기 위해 팀워크를 발휘해 함께 일을 진행한다. 성취하기 쉬운 정도로 목표를 정하지 않고 20퍼센트 상향하여 달성하도록 최선을 다한다.

사회에서 이미 성공했고 실행력이 강력한 사례

사회 지도층으로 이미 성공한 A는 은퇴 후까지 보장받는 삶이 결정된 상태다. 하지만 A는 자기사업으로 1,000억 매출을 일구는 것을 평생 꿈꿔왔고 매나테크는 그에게 완벽한 사업이었다. 사회생활을 하면서 사업초기 두 달 동안 200여 명에게 사업을 전달하는 강력한 액션으로 그는 5개월 3주 만에 PD를 성취했다. 이것은 아직도 전무후무한 기록이다. 사회에서 성공을 경험한 사람이 매나테크 사업에서도 두각을 나타내는 것은 어찌 보면 당연한 결과다.

성공을 간절히 원하고 실행력이 강력한 사례

30대 초반에 사업에 실패해 신용불량자가 된 A는 너무 힘들어서 이민을 고려하던 중 지인에게 매나테크 정보를 받았다. 그는 재기하기로 마음먹고 그때부터 매나테크에 올인했다. 차비가 없어서 걷기 일쑤고 식사비가 없어서 굶기도 했지만 그는 굴하지 않고 끝내 PD를 성취했다. 이제 결혼해서 가정을 꾸린 그는 더 이상 신용불량자가 아니다. 간절함이 그를 성공으로 이끈 것이다.

3. 사업파트너의 사업 정착을 위한 지원 활동

1) 초기에 적응할 수 있도록 적극 지원한다

» 어색한 분위기, 생소한 용어 등으로 이질감을 느낄 만한 상황에서 함께 있어 주고 적응하도록 도와준다.

» 익숙지 않은 강의 내용 등을 쉽게 설명해 준다.

» 초기에 준비해야 하는 기본 자료를 안내한다.

2) 고객을 잘 관리하도록 지원한다

» 처음에는 혼자 고객을 관리하는 것이 쉽지 않다. 스폰서와 협력하여 100퍼센트 스폰서링을 받되 스폰서가 동행하여 현장에서 후원한다. 이때 파트너는 스폰서가 하는 것을 현장에서 보고 배울 수 있어 현장 감각을 익히는 데 많은 도움을 받는다.

» 케이스별로 여러 가지 사례를 진행하면서 나만의 것을 잘 적용하게 한다. 1:1 미팅, 2:1 미팅 전에 스폰서와 함께 예상 질문 리스트와 예상 상황을 롤 플레이 형식으로 반복한다.

횟수를 거듭할수록 실력도 늘고 더욱 자연스러워진다.

» 고객을 혼자서도 잘 관리할 수 있도록 돕는다. 이것이 사업의 첫 출발이다.

3) 시스템 교육을 지원한다

» 월별 교육 일정표, 분기별 이벤트, 연간 이벤트를 알려준다.
» 주간, 월간, 연간 스케줄(다이어리) 작성법을 알려준다.
» 매일 일정을 정리하는 방법, 시간 활용법을 알려준다.
» 전체 강의를 모두 참석하도록 안내하고 반드시 애프터미팅(좋았던 점)을 함께 나눈다.
» 관련 도서를 추천하거나 나눈다.

1), 2), 3) 사항에 익숙해질 때까지 계속해서 함께 반복한다.

4) 멘토링을 놓치지 않고 세심하게 지원한다

» 스폰서링과 멘토링은 유기적인 관계다.

» 스폰서와 파트너가 끈끈한 관계가 되어야 한다.

» 인간적으로 공감하고 가까워진다.

　엄밀히 말해 스폰서링 안에 멘토링을 포함해야 한다. 그런데 사업을 진행하다 보면 업무적인 내용과 비즈니스에만 집중하느라 자칫 멘토링을 간과하기 쉽다. 파트너가 무엇을 힘들어 하는지, 어떤 문제 때문에 비즈니스에 집중하지 못하는지 면밀히 지켜보고 애정 어린 마음으로 대해야 한다.

　멘토링을 간과하면 스폰서와 파트너의 사이가 점점 더 소원해지거나 겉도는 관계가 될 수 있다. 파트너가 겪는 일은 대부분 스폰서들이 이미 겪은 것이므로 멘토링을 잘 해주어야 한다. 아울러 업라인 스폰서와 함께 멘토링을 해주는 것도 꼭 기억하자.

　네트워크 마케팅을 시작했다면 사회 경력이나 직위 등을

내려놓고 백의종군하는 심정으로 임해야 한다. 그림은 흰 도화지에 그리는 것이 가장 쉽고 빠르다. 낙서나 다른 그림이 있는 도화지를 지우고 새로 그림을 그리는 것은 쉽지 않다.

네트워크 비즈니스를 하면서 흰 도화지에 마음껏 멋진 그림을 그려보자. 내 성공을 위해 스폰서링을 100퍼센트, 아니 200퍼센트 수용하고 배우자. 이것이 곧 성공자로 나아가는 길이다.

4. 시스템의 정착 지원

1) 시스템은 매나테크 사업의 핵심이다

시스템의 사전적 의미는 '제도, 체제, 체계, 장치, 몸' 등이다. 네트워크 비즈니스에서 시스템은 아무리 강조해도 지나치지 않으며 비즈니스의 핵심이자 뼈대다. 시스템으로 시작해 시스템으로 끝난다고 해도 과언이 아니다.

각 회사와 그룹마다 고유의 특성이 있고 조직은 그 고유의 시스템으로 돌아간다. 시스템은 곧 교육 시스템을 말하며 네트워크 비즈니스는 교육 사업임을 잊지 말아야 한다. 내가 애써 시간과 노력과 돈을 써서 시스템을 구축하는 것이 아니라 이미 성공한 사업자들이 완벽하게 구축해 놓은, 점점 더 업그레이드되는 시스템을 마음껏 활용하며 비즈니스에 집중하면 된다.

시스템에 집중하고 시스템을 장악한 사람만이 성공할 수 있다.

2) 시스템 정착을 위한 자료 활용은 적재적소에 준비해야 한다
① **자료의 종류** : 초보사업자 준비 자료

누군가를 만나 정보를 전달하려 할 때 초보사업자는 대개 누구에게 어떤 자료를 주어야 할지 몰라서 우왕좌왕한다. 다음은 그런 문제를 해결해 주는 준비 자료다.

회사소개 브로슈어 '매나 스토리'

이것은 매나테크 코리아가 발행하는 자료로 매나테크의

역사와 현재의 스토리를 전체적으로 파악하게 해준다. 특히 네트워크 마케팅에 거부감을 보이는 사람도 부담 없이 접할 수 있고 매나테크를 전혀 모르는 고객에게도 전달하기가 좋다. 매나테크에 신뢰감을 주는 자료로 활용한다.

제품 브로슈어와 제품 가격표

제품 설명과 가격표는 제품 구매를 원하는 소비자에게 꼭 필요한 자료다. 아울러 가망고객에게 전달하면 추후 구매로 이어질 수 있다.

보상플랜 자료

제품 소비로도 소득이 발생할 수 있지만 보상플랜은 가망 사업자에게 매우 중요한 부분이다. 현명한 소비자와 사업자 영입을 모두 가능하게 해주는 도구다.

건강 체크 설문지, 피부 타입 설문지

지인이나 가망고객을 만나 처음 말문을 여는 것은 그리 쉽지 않다. 그럴 때 자연스럽게 대화를 시작하도록 포문을 열게 해주는 자료가 설문지다.

설문지는 상대방의 니즈를 쉽게 파악하도록 해줄 뿐 아니라 친밀해지는 첫걸음이다.

명함, 스티커

초보사업자가 준비해야 할 기초 항목이다. 명함은 상대방에게 나를 소개할 때 사용하고 스티커는 제품 브로슈어나 설문지 등에 붙여서 전달한다.

② 자료를 활용한 상담 사례

〈 인바디 측정을 원하는 소비자 〉

프로세스	목표	상담 내용
어프로치	상담 약속	안녕하세요? 매나테크의 OOO입니다. 지난번에 요청하신 인바디 측정을 해드리려고요. 다음 주 중 언제가 시간이 좋으세요? 가능하신 시간에 제가 스케줄을 맞춰보겠습니다. 화요일 오전 10시 본사에서 뵙겠습니다.
초기 방문	신뢰관계 구축	안녕하세요? (자리로 안내한다.) 오시는 데 불편하지는 않으셨어요? 차 한 잔 드시며 숨 좀 돌리고 나서 인바디를 측정해 드릴게요(명함을 건넨다). 차 한 잔 드시는 동안 간단하게 건강 체크 설문지, 피부 설문지를 작성해 볼까요?
니즈 파악	문제 공유	인바디를 측정하고 상담을 한다. 이때 건강 설문지와 피부 설문지를 같이 보면서 참고한다.
제안 설명	해결책 제시	갑자기 살이 찌고 알레르기도 있으니 클린 프로그램을 추천합니다. 먼저 간략히 회사 소개부터 할게요('매나 스토리' 책자 활용). 프로그램은 이 정도 가격이고요(제품 브로슈어와 가격표 자료 활용).
결단 권유	결단 확정	네, 앞으로 잘 관리해 드릴게요. 소개를 적극적으로 해 주시면 캐시백 혜택도 받을 수 있습니다. 감사합니다.

〈 가망사업자를 소개받은 사례 〉

프로세스	목표	상담 내용
어프로치	상담 약속	안녕하세요? 매나테크의 OOO입니다. A씨 소개로 전화를 드렸습니다. 다음 주 중에 뵈려고 하는데 월요일 오전 어떠세요? 목요일 오전도 괜찮습니다. 네. 월요일 오전 11시에 뵙겠습니다.
초기 방문	신뢰관계 구축	안녕하세요? 만나서 반갑습니다(명함 건네기). A씨가 OOO님을 많이 칭찬하셨어요. 아주 소중한 분이니 특별히 잘 안내해 달라고 하셨습니다.
니즈 파악	문제 공유	매나테크 비즈니스를 궁금해 하신다고 들었습니다. 매나테크는 나스닥 상장기업으로 전 세계에서 유일하게 글리코영양소를 생산, 유통하는 과학 회사입니다. 아울러 특허도 있고요('매나 스토리' 책자를 함께 보며). 여기 제품 브로슈어도 있습니다.
제안 설명	해결책 제시	사업이니 당연히 소득도 궁금하시겠지요. 우리의 보상플랜 자료입니다(같이 보면서 설명).
결단 권유	결단 확정	매나테크는 온라인, 오프라인 시스템을 잘 구축하고 있고, 글로벌 사업 역시 잘 진행하고 있습니다. 유튜브 강의 자료도 보내드리고 온라인, 오프라인 강의에도 초대하겠습니다. 매나테크는 OOO님께 확실한 비즈니스가 될 것입니다. 적극적으로 도와드리겠습니다.

3) 시스템 미팅 총정리

① 미국 본사 US Mannafest : 연 1회

전 세계 매나테크인이 모이는 가장 큰 행사이며 유명 강사 강연과 신제품 강연을 제일 먼저 들을 수 있는 컨벤션이자 학회다. 큰 비전을 볼 수 있는 기회로 직급자 인증과 축하파티, 본사 방문도 진행하며 매나테커로서 자긍심이 드는 멋진 행사다.

② PD Summit : 연 1회

전 세계의 PD 이상 직급자가 연초 하와이에 모여 휴식을 취하고 여행도 하며 매나테크의 한해 비즈니스 계획 등을 듣는 시간이다. 그야말로 정상회담이다.

③ 한국 지사 Korea Mannafest : 연 1회

US Mannafest의 한국 버전이다. 매나테크 코리아의 가장 큰 행사이며 한 해 동안 이룬 성과에 보상을 받는 시간이다. 미국 본사 임직원들이 직접 참여하고 직급자 인증, 외부강사

강연, 신제품 출시 강연 등으로 비전을 공유한다. 누구나 초대할 수 있다.

④ GIP : 연 1회

GIP(Global Incentive Program)는 한 해 동안 수고한 사업자를 위한 해외 가족여행이다. 무료로 성인 2인을 대상으로 진행하며 그동안 경험해 보지 못한 고급스러운 여행이자 인정받는 여행이다.

⑤ 시스템 미팅

각 그룹마다 진행하는 기초 사업자 과정, 실전 프로그램 과정, 정규교육 등이 있다. 매나테크 코리아에서 진행하는 모든 교육 과정이 여기에 속한다.

- 기초 사업자 과정 : 초기사업자가 네트워크 마케팅 사업을 이해하는 것은 물론 제품 설명을 듣고 고객 상담 능력을 키우는 과정이다.

– 실전 프로그램 과정 : 사업자가 비즈니스를 본격 펼치기 위해 제품 설명을 비롯해 보상플랜, 가망사업자 영입 등을 실제로 해내는 능력을 키우는 과정이다. 현장에서 가장 많이 부딪히는 사항을 배울 수 있다. 사업자로 성장할 수 있는 아주 중요한 프로그램이다.

– 정규교육 : OM(Open Meeting), 제품·보상·다이어트·스킨케어 강의, 그룹 유튜브 TV, 줌미팅, 독서 모임, 그룹 홈페이지, 스페셜 미팅 등이 있다.

이것은 누구나 초대할 수 있는 열린 강의다. 내가 먼저 정규교육 강의를 섭렵하고 가망소비자, 가망사업자를 초대해 비전을 주도록 한다.

⑥ 그룹 미팅

PD 그룹별 사업자 전체가 모여 독서 모임과 비즈니스 전반을 배우는 시간이다. 이때 한 주 동안 각자 활동한 사례를 나누며 직간접적으로 경험을 얻는다. 실질적이고 구체적으로 이뤄지는 이 미팅은 최소 주1회 진행하는 것이 바람직하다. 무엇보다 LOS 간 팀워크를 다지는 중요한 시간이다.

⑦ 셀(Cell)미팅

1:1, 2:1 미팅 등 다양한 형태로 진행하며 소비자와 가망사업자 발굴이 주요 목적이다. 특히 셀미팅을 시스템 미팅으로 연결한다.

지금까지 살펴본 미팅이 겹칠 경우 큰 미팅을 우선시해야 한다. 다시 말해 큰 미팅이 더 중요하다. 예를 들어 셀미팅과 그룹 미팅이 겹친다면 그룹 미팅에 참석하고 셀미팅 시간을 조정해야 한다. 위의 모든 미팅은 온라인(유튜브, 줌)과 오프라인에서 함께 시행한다.

5. 매나테크 성공 시스템 소개

여기서 가장 핵심인 성공 시스템 두 가지를 소개하고자 한다. 이 성공 시스템을 잘 익히고 실천하는 것이 성공으로 가는 지름길이다. 그 세부 내용은 다음과 같다.

1) 성공의 8단계

8가지를 유기적으로 진행한다.

1. 꿈과 목표 세우기 : 꿈과 목표란 내가 원하는 것을 말하며 무엇을 위해 이 사업을 시작했는지 점검해 본다.
2. 결단 : 꿈과 목표를 세웠으니 내가 그것을 위해 무엇을 결단해야 하는지 점검한다.
3. 명단 작성 : 이것은 사업 계획서에 해당한다. 최소 30명 이상 작성해 스폰서와 상담한다.
4. 만남과 초대 : 지인과 소개받은 사람을 만나고 온라인, 오프라인 시스템 미팅에 초대한다.
5. 미팅 참석 : 시스템 미팅에 참석한다.

6. 후속조치 : 가망소비자, 가망사업자와 만나고 초대 후
팔로업을 한다.

7. 상담 : 스폰서와 긴밀하게 상담한다.

(스폰서링, 멘토링 모두 포함한다)

8. 복제 : 위의 7가지를 순서대로 잘 진행하며 계속 반복한다.

2) 5액션

매일 액션한다.

1. 제품 애용 : 제품은 사용하는 것이 아니라 애용해야 한다.
제품과 사업에 확신을 가지게 된다.

2. 책 읽기 : 자기계발을 게을리 해서는 안 된다. 책을 읽고
공감하고 깨우치는 것이 중요하다.

3. 미팅 참석 : 매주, 매달 진행하는 시스템 미팅에 반드시
참석한다.

4. 사업설명(S.T.P : Show the plan) : 제품과 사업 설명을 하루에 몇 명에게 할 것인지 정해서 액션한다. 일반적으로 1일 3~5명에게 정보를 전달하는 것이 원칙이다.

5. 고객관리 : 제품을 섭취하는 고객이 꼭 효과를 보도록 관리한다. '1, 3, 7 법칙'에 따라 1일 차, 3일 차, 7일 차에는 반드시 고객에게 연락하고 상황에 따라 긴밀히 관리한다.

5액션 5가지는 매일 진행해야 한다. 여기에는 곱셈 법칙을 적용하므로 5가지 중 하나라도 액션하지 않았다면 그날의 액션은 '0'이다.

"액션만이 살 길이다."

이 말처럼 모든 것을 준비하고 있더라도 액션하지 않으면 0이다. 물론 처음부터 모든 것을 준비하는 것은 불가능한 일이다. 우리는 액션하면서 배우고 익히며 앞으로 나아가야 한다.

단, 지치거나 사기가 떨어지지 않도록 스폰서는 옆에서 동기부여를 해주고 함께 동고동락한다. 네트워크 마케팅 사업자는 5액션을 기본으로 실천해야 한다. 1주일 동안 5액션을 실행한 것을 그룹 미팅에서 함께 나누고 격려하고 칭찬한다.

6. 사업파트너 정착 지원 사례

청년

사회초년생 A는 대학졸업 후 취업과 창업으로 고민하던 중 매니테크를 알게 되었다. 무엇보다 자신의 시간과 노력만 투자하고 자본이 들어가지 않는 점이 마음에 와 닿았다. 또한 성공하기 위해 누군가를 이기는 것이 아니라 서로 도와 팀워크로 헤쳐 나가는 것과 남을 위해 기여할 수 있다는 사실이 감동적이었다. 결국 A는 초보사업자 과정을 거치고 청년사업가로 거듭났다.

직장인

40대 초반의 직장인 A는 언제까지 회사를 다닐 수 있을지 몰라 불투명한 미래 상황을 준비하기 시작했다. 그때 매나테크 비즈니스를 알아보았고 당장 회사를 그만두는 것이 아니라 3~5년을 내다보고 매나테크를 시작했다. A는 온라인 시스템을 활용해 틈나는 대로 배우고, 퇴근 후나 주말에 적극적으로 비즈니스를 펼쳤다. 3년 후, 5년 후 그의 미래가 기대된다.

주부

50대 초반의 주부 A는 남편이 퇴직을 앞두고 있었고 자녀들은 어느 정도 성장해 시간이 많았다. 그녀는 남편이 퇴직한 이후의 생활이 걱정스러워 무언가 생산적인 일을 찾던 중 매나테크 정보를 듣고 남편과 함께 알아본 뒤 인생 후반전을 위해 비즈니스를 시작했다.

전문가

의사 A는 환자 B에게 매나테크 정보를 들었다. 평소 건강이 좋지 않은 B가 한동안 진료를 받으러 오지 않아 의아했는데, 몇 달 만에 찾아온 B를 검진한 결과 좋지 않았던 부분이 개선되어 있었다. 그러자 A는 매나테크를 알아보기 시작했다. 현대의학에 한계를 느꼈던 A는 자신의 의술에 매나테크를 접목해 환자들에게 도움을 주는 사업가로 변신 중이다.

자영업자

평생 대리점 사업을 해온 A는 경제적인 부는 쌓았지만 쉴 새 없이 일하느라 건강을 돌볼 틈이 없었다. 어느 날 A의 건강에 적신호가 켜졌고 그는 지인에게 매나테크 정보를 받았다. 매나테크 덕분에 건강을 되찾고 밤낮없이 매달리던 자영업에서도 탈출한 그는 경제적 부를 쌓는 것을 넘어 나눔과 봉사에 매진하고 있다.

7. 사업파트너의 사업 정착을 위한 교육 프로그램 운영 사례

1) 입문기 교육 프로그램 사례
: MSA(Mannatech Success Academy) 교육 과정

① **교육 대상** : 신규 사업자

② **교육 목표** : 매나테크 회사와 핵심 제품을 학습한다.
　　　　　　　인생이 달라지는 5가지 습관을 형성한다.
　　　　　　　매나테크 사업자로 시작할 것을 결단한다.

③ **교육 방법** : 온라인 줌미팅, 오프라인 미팅

④ **교육 시간** : 90분씩 총 6시간

⑤ **교육 내용**

회차	구분	주요 내용
1	매나테크 만나기	* 오리엔테이션 : MSA 과정 소개 * 우리 지금 만나 : 자기소개 30초 스피치 * '매나 스토리' : 매나테크 히스토리
2	브랜드와 핵심 제품	* 매나테크 브랜드 소개 * 인생이 달라지는 5가지 습관 * 핵심 제품 알아보기
3	매나테크 소개하기	* 쉽고 재미있는 제품 가이드, 보상플랜 * S.M.A.R.T 매나
4	사업가로 출발	* Why Mannatech * 수료식 : 수료 스피치 30초

2) 성장기 교육 프로그램 사례

: MST(Mannatech Success Training) 교육 과정

① 교육 대상 : MSA 수료자, 모든 사업자

② 교육 목표 :

» 제품애용으로 매나테크 제품을 체험할 수 있다.

» 매나테크 비즈니스의 지식과 스킬을 쌓을 수 있다.

» 매나테크의 진정한 사업가로 성장할 수 있다.

③ 교육 효과 :

» 매나테크의 전문성을 갖춘 사업자로서 사업성장을 한다.

» 사업 파트너가 생겨 팀이 구축되어 사업이 더 크게 확장된다.

» 네트워크 사업에 적합한 사업자를 많이 영입할 수 있다.

3) 성숙기 교육 프로그램 사례

: MSL(Mannatech Success Leadership) 교육과정

① **교육대상** : MSA 수료자, MST 수료자, 모든 사업자

② **교육목표** :

» 매나테크 제품과 시스템의 전문가로 교육 역량을 기를 수 있다.

» 팀원들 간의 소통하고 협력하여 성과를 창출하는 방법을 배울 수 있다.

» 시스템을 바르게 운영할 수 있는 방법을 배울 수 있다.

③ **교육효과** :

» 매나테크 제품과 시스템에 관한 교육을 하여 사업파트너를 육성한다.

» 소통과 협력을 통해 성과를 창출하는 팀을 만든다.

» 올바른 비즈니스 시스템 운영을 통해 건전하게 사업하는 기업문화를 만든다.

4장
효율적인 고객 상담

1. 고객 상담 프로세스

1) 고객 상담 프로세스

프로세스	목표	상담 내용
어프로치	상담 약속	목표는 상담 약속 잡기. 상담 전에 자료 준비. 가망고객의 니즈 파악을 위한 질문 리스트 준비.
초기 방문	신뢰관계 구축	전문가다운 모습 : 용모, 예절, 미소. 공감대 형성하기 : 칭찬하는 것이 효과적. 고객을 도와주려는 의도 표현. 전문가라는 것 표현.
니즈 파악	문제 공유	질문으로 가망고객의 현재 상황 파악. 현재 상황을 기초로 니즈 파악.
제안 설명	해결책 제시	고객의 문제 정리와 확인. 해결책 제시. 혜택 설명.
결단 권유	결단 확정	고민의 원인을 결단으로 해결할 수 있음을 확신시키기. 강력하게 결단 권유.

2) 고객 상담 프로세스에 따른 상담 사례

〈 사례 1 〉 하고 있던 개인 사업을 정리한 가망고객

프로세스	목표	상담 내용
어프로치	상담 약속	대표님, 저 매나테크의 OOO입니다. 요즘 어떻게 지내세요? 하시던 사업은 어떻게 되셨어요? 그동안의 소식도 궁금하고 이야기도 나누고 싶은데 언제가 좋으세요?
초기 방문	신뢰관계 구축	대표님 정말 뵙고 싶었어요. 제가 아이의 진로 문제로 힘들었을 때 좋은 말씀 많이 해주셔서 용기를 얻었습니다. 이후 대표님 생각이 많이 났어요. 평소 열심히 사시는 모습이 정말 존경스러웠어요.
니즈 파악	문제 공유	그런데 하시는 사업이 힘들다며 제게 매나테크는 수입이 계속 발생하는지 물으셨지요? 저한테 도움을 주신 만큼 저도 도움을 드리고 싶고 지금의 상황이 전화위복이 되셨으면 좋겠어요. 매나테크는 제품을 파는 것 같아 사람들에게 부담을 주는 것이 아니냐고 말씀 하셨었는데….
제안 설명	해결책 제시	저도 처음엔 그렇게 생각했어요. 좀 다르게 생각해 보시는 건 어떠세요? 세상의 모든 비즈니스가 사람들에게 부담을 주나요? 자동차는 내가 필요해서 사는 것이지 상대방이 부담을 준다고 억지로 구입하지는 않습니다. 매나테크도 나의 필요에 의해 제품 구매를 하는 것이지 상대방을 위해서 구매하는 것이 아닙니다. 오히려 매나테크는 고맙다는 말을 들을 수 있는 비즈니스입니다.

프로세스	목표	상담 내용
결단 권유	결단 확정	사실 매나테크는 제품을 파는 것이 아니고 회사 시스템을 알려서 나의 그룹을 만들어가는 방법을 배우는 것입니다. 그 프로그램에 참여하면 자세히 배울 기회를 얻을 수 있어요. 앞으로 저와 자주 만나 함께 프로그램에 참여하시고 힘든 점은 같이 의논하면서 시작해 보세요.

〈 사례 2 〉 자영업을 하는 가망고객

프로세스	목표	상담 내용
어프로치	상담 약속	사장님 안녕하세요? 매나테크의 OOO입니다. 다음 주 주중에 방문하려고 하는데 수요일 오후 4시쯤 어떠세요? 목요일 오후 4시도 괜찮고요. 네. 수요일 좋습니다. 당일 다시 연락드리겠습니다.
초기 방문	신뢰관계 구축	사장님은 영어 무료강의를 벌써 몇 년째 하시는 거예요? 정말 대단하시네요. 상당히 수준 높은 강의인 걸로 알고 있어요. 매나테크도 영양실조로 죽어가는 아이들 500만 명을 지원하는 M5M 기부 프로그램을 운영하고 있어서 봉사와 기부 활동도 하고 있습니다.
니즈 파악	문제 공유	사장님, 사업장에 여러 회사 제품이 진열되어 있는데 특별히 선호하는 것이 있으세요? 각 회사들마다 자사제품이 좋다고 하는데, 어떻게 생각하세요?
제안 설명	해결책 제시	사장님은 안목이 있으시니 제가 드린 자료를 보시면 금방 아실 거예요. 회사, 과학 기술, 제품 관련 유튜브 영상을 보내드릴게요. 보신 후 어떤 점이 좋았는지 말씀해 주세요. 회사 프로그램에 참여하시면 더 확실히 이해하실 수 있을 거예요.

결단 권유	결단 확정	마침 다음 주에 프로그램을 시작하니 지금 등록해 드릴게요. 온라인 Zoom으로 편하게 드라마 한편 보는 시간 정도만 할애하시면 됩니다. 1주일에 한 번만 시간을 내보세요.

2. 효율적인 상담을 위한 유형별, 상황별 고객 질문 리스트

질문은 기본적으로 상대방의 의견을 존중하고 인정하는 긍정적 의미를 내포하고 있다. 그래서 고객 상담을 효과적으로 진행하기 위해 고객의 니즈 파악에 도움을 줄 질문을 유형별, 상황별로 정리했다. 특히 구체적인 접근성에 도움을 주고 고객 상담을 효과적으로 진행하여 성공 확률을 높이고자 한다.

〈 유형별 질문 리스트 〉

1) 제품 효과를 본 고객에게 소개받기 위한 질문 리스트

① 주위 분들이 안색이 좋아졌다고 하거나 뭔가 달라졌다고

말씀을 많이 하시지요?

② ○○○님처럼 건강한 다이어트를 원하는 분들이 많지요?

③ 누군가는 이런 제품을 간절히 찾고 있을 텐데 주변에서 소중한 한 분을 소개해 주세요.

④ 제품 효과를 보았는데 제품을 무료로 드시고 싶으시지요? 제가 알려드릴게요.

⑤ 이 정도 제품이면 사업 아이템으로 어떨까요?

2) 의료인 컨택 질문 리스트

① 원장님, 예전보다 의학이 많이 발달했는데 왜 질병은 더 많아지고 환자들은 늘어날까요?

② 괴혈병을 비타민C로 치료하는 것처럼 약물 복용을 줄이는 데 도움을 주는 영양소가 있어요. 궁금하시지요?

③ 요즘 의료인들이 글리코영양소에 관심이 많은데 왜 그럴까요?

④ 원장님은 병원 경영을 잘하고 계시지만 수익에 더 도움을 줄 수 있는 방법을 알려드릴까요?

⑤ 요즘 기능의학을 하는 원장님들이 가장 많이 선택하는 것이 글리코영양소예요. 그 커뮤니티에 초대해 드릴까요?

3) 학원 원장 질문 리스트

① 밤늦게까지 일 하시느라 많이 피곤하시겠어요. 건강을 위해 섭취하는 건강식품이 있으세요?

② 소득도 올리고 건강도 챙길 수 있는 사업 아이템이 있다면 어떨까요?

③ 저출산으로 아이들 인구가 줄어들고 있는데 원장님은 어떠세요?

④ 원장님은 책을 써서 인세소득을 받고 있으시지요? 상속이 가능한 또 다른 인세소득이 있는데 알아보시겠어요?

⑤ 하시는 일 외에 추가소득이 생기면 무엇을 하고 싶으세요?

4) 가정주부 질문 리스트

① 팬데믹 시대에 아이들 건강관리를 어떻게 하고 계세요?

② 한 달 건강식품 구입 비용으로 어느 정도가 적당할까요?

③ 매달 100만 원씩 추가수입이 생긴다면 무엇을 하고 싶으세요?

④ 출산, 육아로 경력단절이 되는 경우가 많은데 육아와 경제 활동 둘 다 할 수 있는 일이 있다면 관심 있으세요?

⑤ 요즘 새로운 사람들을 만나면서 시대 변화에 적응하고 삶에 활력소가 생겼어요. 제가 소개해 드릴게요.

⑥ 당당한 엄마, 성공한 엄마로 살고 싶으시죠? 그 방법을 알려드릴게요.

5) 직장인 질문 리스트

① 지금 하시는 일을 언제까지 할 계획이세요?

② 카카오톡이나 구글 같은 플랫폼 비즈니스를 시작할 수 있다면 어떨까요?

③ 하고 싶은 일이 있었는데 현실적인 문제로 포기한 적 있

으세요?

④ 직장 내 인간관계로 스트레스가 많다고 하셨는데 본인 사업을 하고 싶지 않으세요?

⑤ 가족과 저녁이 있는 삶을 살고 싶지 않으세요?

⑥ 월 급여가 100만 원 오른다면 무엇을 하고 싶으세요?

6) 정년 퇴임자 질문 리스트

① 정년 없이 계속 일할 수 있고 자녀에게 상속도 가능한 아이템이 있다면 어떨까요?

② 사람들은 노후를 위해 저축한 돈을 병원에 지불하고 삶을 마감하지요. 이러한 패러다임을 바꿀 방법을 알려드릴까요?

③ 지금까지 사회생활을 하면서 쌓아온 경력과 경륜을 다시 사회를 위해 사용할 기회가 있다면 어떨까요?

④ 사회적으로 성공하시고 여유도 있으신데 여가시간을 어떻게 보내세요?

⑤ 수입도 되고 사회활동도 활발하게 다시 할 수 있는 곳이 있다면 어떨까요?

〈 상황별 질문 리스트 〉

1) 건강 관련 질문 리스트

① 건강관리를 위해 특별히 하고 있는 것이 있으세요?

② 팬데믹 시대에 필요한 면역관리를 위해 어떤 건강식품을 드시고 계세요?

③ 건강 정보 홍수 속에서 어떻게 제대로 된 정보를 선별할 수 있을까요?

④ 요즘 주변에서 면역, 면역 하는데 면역이 무엇이라고 생각하세요?

⑤ 똑같은 영양제인데 가격에 차이가 나는 이유는 무엇일까요?

⑥ 특별히 피부관리 하는 것 있으세요?

⑦ 현대의학을 다 합친 것보다 더 치유력이 좋다면 어떨까요?

⑧ 아이들의 영양 관리는 어떻게 하고 있으세요?

⑨ 만약 10년쯤 젊어진다면 무엇을 하고 싶으세요?

⑩ 아무리 건강에 좋은 것을 먹어도 누구에게는 효과가 있고 또 누구에게는 효과가 없어요. 왜 그럴까요?

2) 다이어트 관련 질문 리스트

① 요요 없는 다이어트 비밀을 알려드릴까요?

② 요즘 온라인으로 다이어트 관리를 해 주는 곳이 있는데 소개해 드릴까요?

③ 물만 먹어도 살이 찐다는 분들이 있잖아요. 왜 그럴까요?

④ 밥을 먹는 방법만 바꿔도 다이어트가 된다는 것 알고 있으세요?

⑤ 먹으면서 살을 빼는 방법을 알고 싶지 않으세요?

⑥ 운동하지 않아도 다이어트가 되는데 시도해 보실래요?

⑦ 지금 몸무게에서 5킬로그램이 빠진다면 무엇을 하고 싶으세요?

⑧ 같은 체중인데도 더 날씬해 보이는 사람이 있는데 왜 그럴까요?

⑨ 예전에 입던 예쁜 옷을 다시 입고 싶지 않으세요?

⑩ 다이어트 후 탱탱해지고 활력이 더 넘친다면 시도해 보실래요?

3) 노후 준비 관련 질문 리스트

① 가치도 있고 건강도 찾는 일이 있다면 해보실 의향이 있으세요?
② 100세 시대에 건강 산업이 유망한데 좋은 아이템 생각해 보신 적 있으세요?
③ 정년 없이 일할 수 있다면 어떨까요?
④ 노후에 필요한 것이 무엇이 있을까요?
⑤ 나이 들어 요양원에 가지 않으려면 어떻게 해야 할까요?
⑥ 얼마나 오래 사느냐보다 얼마나 건강하게 사느냐, 즉 건강수명이 더 중요하지 않을까요?
⑦ 노후준비를 어떻게 하고 계세요?
⑧ 나이 들어 자녀에게 부담을 주지 않고 살아갈 방법이 있다면 어떨까요?
⑨ 상속세 없이 물려줄 자산을 만드는 방법이 있는데 알려드릴까요?
⑩ 행복한 노후의 모습은 어떤 것일까요?

4) 꿈, 사업, 재정 관련 질문 리스트

① 시간적, 재정적 여유를 다 갖춘다면 그 다음엔 무엇을 하고 싶으세요?

② 시대의 변화로 일의 형태가 바뀐다고 하는데 어떤 직업이 좋을까요?

③ 추가소득을 올릴 수 있다면 얼마 정도가 좋으세요?

④ 주변에 성공하기를 원하는 적극적이고 활동적인 분 있으세요?

⑤ 만약 지금 하는 일을 그만두고 다른 일을 선택한다면 어떤 조건이 중요할까요?

⑥ 네트워크 마케팅을 꺼려하는 이유나 혹 상처를 받은 좋지 않은 경험이 있으세요?

⑦ 국가대표가 금메달을 따면 평생 월 100만 원의 연금을 받는다는데 그들처럼 월 100만 원 이상을 평생 받는다면 어떨까요?

⑧ 건강도 찾고 소득도 생기는 일이 있어요. 궁금하시지요?

⑨ 요즘 다들 힘들다고 하는데 어떤 사업이 전망이 있을까

요?

⑩ 요즘 플랫폼 사업이 대세라는 거 아시죠? 건강 플랫폼 사업은 어떨까요?

⑪ 휴대전화만 있어도 가능한 비즈니스가 있는데 관심 있으세요?

⑫ 글로벌 비즈니스가 집에서도 가능한데 관심이 있으세요?

⑬ 한 번에 받는 큰 소득을 원하세요, 아니면 지속적으로 들어오는 소득을 원하세요?

5) 상대방의 질문을 질문으로 대응하기

① 만병통치약인가요?

많은 사람이 그런 질문을 합니다. 왜 그럴까요?

② 그렇게 좋다면 왜 약으로 만들지 않았나요?

약의 기준을 알고 계신가요?

③ 왜 제 주치의는 먹지 말라고 하죠?

주치의가 적극 권하는 경우도 있는데 어떻게 생각하세요?

④ 왜 광고하지 않나요?

광고하는 제품이 좋은가요?

⑤ 나는 시간이 없어서~

어느 분야에 시간을 많이 쓰시나요?

⑥ 나는 아이가 어려서~

아이가 크면 더 많은 시간과 돈이 필요할 텐데 어떻게 생각하세요?

⑦ 나는 말주변이 없어서~

말만 잘하면 사업이 잘 될까요?

⑧ 나는 판매에 소질이 없어서~

좋은 것을 알리는 것이 판매일까요?

⑨ 적성에 맞지도 않고 땀 흘려 정직하게 버는 것이 좋아요.

지금 일은 혹시 적성에 맞나요?

⑩ 자존심이 상해서 못하겠어요. 아쉬운 소리를 하지 못하는 데~

자존감을 갖고 일하려면 어떻게 해야 할까요?

⑪ 제가 하는 일이 있어서~

그 일이 노후와 미래를 완전히 해결해 줄 수 있나요?

⑫ 남을 이용해 돈을 버는 것 아닌가요?

모든 기업은 상품을 사고팔지 않나요?

⑬ 성공 확률이 몇 퍼센트나 되나요? 얼마나 버나요?

성공 기준이 무엇인가요? 얼마 정도면 관심 있으세요?

⑭ 가족이 반대합니다.

반대하는 이유는 무엇인가요?

⑮ 먼저 시작한 사람이 무조건 유리한 것 아닌가요?

성공에 시작시점만 중요할까요?

⑯ 그렇게 좋은데 왜 국가 차원에서 홍보하지 않나요?

국가 차원에서 특정 회사만 광고할 수 있을까요?

제 3 부

LOS 갈등 역지사지로 해결하기

LOS 관계에서 발생하는 갈등 유형에 따른 솔루션 가이드를 제시하였고, 역지사지 갈등 해결 프로세스를 통해 실제 발생하고 있는 갈등 문제를 해결할 수 있도록 사례를 통해 익힐 수 있게 하였다.

1장
LOS 이해

1. LOS의 의미

LOS는 Line of Sponsorship으로 네트워크 마케팅 사업에서 '계보'를 의미한다. 즉, 여러분의 업라인, 스폰서, 파트너로 이어지는 관계를 말하며 '업라인-스폰서-나-파트너' 라인별로 팀워크를 발휘하는 최소 단위다.

〈 매나테크 LOS 사업 계보도 〉

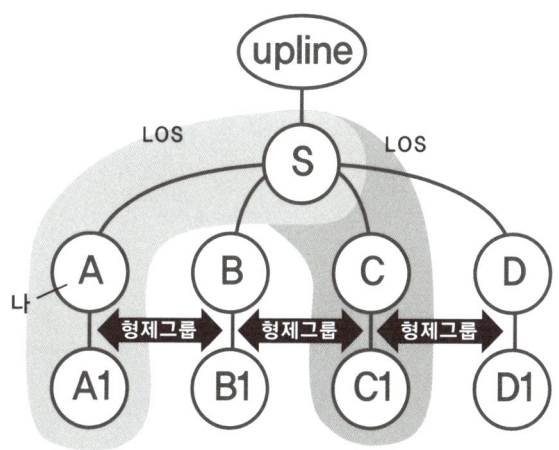

- 나 (A)
- 업 라 인 : 나(A)의 상위 스폰서로 스폰서(S)의 스폰서를 뜻한다.
- 스폰서(S) : 파트너 A, B, C, D 4라인을 구축한 리더다.
- 파 트 너 : 나(A)의 파트너는 A1이고 스폰서(S)의 파트너는 A, B, C, D와 A1, B1, C1, D1 전체다.
- 형제그룹 : 스폰서(S) 입장에서 A, B, C, D 4라인이 있고 4라인끼리 서로 형제그룹이 된다.
- L O S : 업라인부터 스폰서(S), 나(A), 파트너(A1)를 LOS라고 부른다.

2. 매나테크에서 LOS의 가치

1) 매나테크 비즈니스의 핵심은 LOS다

① 좋은 팀워크는 개개인의 능력을 앞지른다. 이는 더하기가 아니라 곱하기가 된다.

② 매나테크 사업은 혼자 하는 일이 아니고 견고한 팀워크가 바탕인 LOS가 이끌어간다.

③ 놀랄 만한 성과와 성장은 LOS 파워로 결정된다.

④ 좋은 LOS 관계를 만들기 위해서는 역지사지하는 자세로 부단히 노력해야 한다.

2) LOS가 있어 좋은 이유가 있다

① 먼저 사업을 시작한 스폰서의 노하우와 경험으로 리스크 관리가 용이하다.

② 시행착오를 줄이는 것만으로도 시간과 에너지를 아낄 수 있다.

③ 파트너가 힘들어하는 부분에 공감하고 이끌어줄 수 있다.

④ 파트너에게 생기는 문제를 같이 해결하면서 리더십이 성장한다.

⑤ 서로에게 동기를 부여하는 팀워크로 신뢰감을 얻는다.

⑥ 혼자가 아니라는 것이 든든한 배경이 되어준다.

3) 매나테크 LOS의 힘은 강력하다

① 매나테크 LOS는 함께 성장하고 조직을 이끄는 원동력이 되어준다.

② 직급에 상관없이 누구나 존중받는 관계를 만들 수 있다.

③ 매나테크 LOS는 평등함이 가장 중요한 기본 요소다.

④ 피를 나눈 가족은 아니지만 꿈과 비전을 나눈 다른 의미의 가족이라 할 수 있다.

⑤ 끈끈한 관계에서 비롯되는 상호 신뢰가 매나테크 비즈니스를 이끌어가는 원동력이다.

3. LOS의 역할

1) 스폰서

① 스폰서란?

제품 정보와 사업기회를 알려주고 참여하도록 안내하는 사람이다.

② 스폰서의 역할 :

» 파트너의 사업 정착을 위해 지원하고 가이드를 해주는 역할을 한다.

» 시스템 안내와 동반 참여를 하면서 어색하지 않게 적응하도록 도와준다.

» 직·간접 상담 후원을 하며 준비해야 할 기본 자료를 안내해 준다.

» 파트너의 성공과 성장을 위해 끊임없이 동기부여를 해준다.

» 부모와 자식처럼 파트너를 사랑하고 이해를 해주는 역할이다.

» 파트너가 어떤 소통도 편하게 하도록 안전한 버팀목이 되어준다.

» 혼자 외롭게 하는 사업이 아니고 항상 함께하는 든든한 스폰서가 존재함을 느끼게 한다.

③ 역할에 따른 스폰서의 바람직한 역할 수행 사례

파트너를 영입해 리더로 잘 정착한 사례

가까운 곳에서 약국을 경영하는 약사를 소개받았는데 혈색도 좋지 않고 건강해 보이지 않아 사업보다 제품 정보를 주고 섭취를 권유했다. 처음에는 본인이 섭취하지 않고 고객에게 전달만 했다. 그래서 제품을 확신하도록 설득하기 위해 전문가 세미나에 꾸준히 초대하고 늘 같이 참석했다. 그 결과 본인이 직접 체험하고 훨씬 적극적으로 제품을 전달하기 시작했다. 이후 전문가 세미나 뿐만 아니라 시스템 미팅도 안내하면서 자연스럽게 사업으로 확장되었다.

서둘지 않고 파트너를 계속 독려하며 미팅, 세미나, 컨벤션 등 점차 큰 미팅으로 안내했다. 스폰서도 국내, 해외를 가리지 않고 적극적으로 직접 후원했다. 제품과 사업 설명, 강의, 스피치, 자료 활용 등 사업에 필요한 모든 활동을 도왔다. 나아가 파트너가 리더로 뿌리 깊게 자리 잡도록 끊임없이 동기부여를 했다. 처음에 고객으로 보였던 파트너는 이제 많은 성공자를 배출한 리더로 성장했다.

2) 파트너

① **파트너란?** 스폰서의 권유를 받아 함께 비즈니스에 참여하기로 한 사람이다.

② **파트너의 역할 :**

» 스폰서의 안내대로 시스템을 배우고 따라 하는 역할을 한다.

» 가장 먼저 해야 할 일은 제품 체험을 충실히 하는 것이다.

» 하루 먼저 시작한 스폰서일지라도 배울 것이 있다는 자세로 스폰서를 예우한다.

» 가망고객과 가망사업자에게 전달할 기본 자료를 철저히 준비한다.

» 온·오프 시스템 미팅에 선택적 참여가 아닌 집중적 참여를 한다. 초기 3개월 집중도에 따라 향후 1년, 아니 10년이 달라진다.

» 스폰서와 사업 진행 상황을 공유하며 수시로 상담을 요청한다.

» 스폰서에게 책을 추천받아 독서 습관을 익힌다.

» 자기계발을 통해 셀프리더로 성장하도록 자세를 갖춘다.

③ 역할에 따른 파트너의 바람직한 역할 수행 사례

스폰서를 멘토로 파트너가 사업가로 잘 정착한 사례

1년 이상 사업보다 제품 체험에 적극적인 소비자가 있었는데 스스로 제품에 확신이 생겨 미국 본사 행사에 참여한 뒤 사업할 결심을 했다. 일단 결심하자 스폰서에게 상담을 요청해 성공 노하우를 그대로 따라 하겠다고 했다. 뛰어난 사업성과뿐 아니라 사회적 지위, 인격, 인품까지 모두 갖춘 스폰서를 멘토로 모시겠다는 것이었다.

스폰서는 사업 경험은 물론 일반 사회 경험치도 약했던 파트너에게 부모처럼 따뜻한 관심을 보이며 강력하게 동기부여를 했다. 부정적인 말을 하지 않고 수시로 상담하면서 사업 노하우와 리더십을 몸소 보여주었다. 파트너가 힘들 때나 기쁠 때는 아낌없는 위로와 격려, 칭찬으로 이끌었다. 나아가 수많은 파트너를 세심하게 챙기고 존중하는 모습을 보여주었다.

그렇게 많은 시간을 함께 보내면서 그 파트너는 큰 그룹을 구축한 리더로 성장했다. 그처럼 자신이 누군가의 인생을 바꿀 수 있는 멘토가 되고 나니 스폰서의 마음을 더욱 이해하게 되었다. 그래서 스폰서가 추진하는 일마다 적극적으로 리더 역할을 했고 스폰서를 세심하게 배려하는 한편 스폰서가 맡기는 일을 책임감 있게 수행했다. 파트너 후원을 비롯해 어떤 문제든 스폰서와 바로 의논하고 의견을 경청했다. 이는 원활한 소통과 역지사지 리더십이 제대로 뿌리내린 결과다.

3) 형제그룹

① 형제그룹이란?

스폰서의 파트너 라인 중에 LOS가 다른 팀이다.

(151p 그림 참소)

② 형제그룹의 역할

» 서로 예의를 갖추고 상호 존중하는 역할이 가장 기본이다.

» 형제그룹 간에 개인적으로 따로 연락, 상담, 미팅을 하는 크로스라이닝은 금물이다.

» 반드시 스폰서 주관으로 이뤄지는 미팅 안에서 좋은 정보와 사례를 공유한다.

» 스폰서의 자녀나 마찬가지인 형제그룹은 서로 칭찬하고 격려하는 것이 매우 중요하다.

» 서로 시기나 질투를 하지 않고 진심으로 박수를 쳐주는 멋진 팀워크를 보여줘야 한다. 그렇게 함으로써 본인 그룹이 성장한다.

③ 역할에 따른 형제그룹의 바람직한 역할 수행 사례

10여 년간 같이 사업을 진행해 온 형제그룹 A와 B, C, D는 모두 스폰서 S의 파트너들로 큰 그룹을 이끌고 있다. 그중 가족과 함께 사업을 하는 A는 제일 젊은 세대로 온라인에 능숙하고 정보 습득이 신속하다. A와 그 가족은 SNS로 파트너뿐 아니라 B, C, D에게도 똑같이 정보를 빠르게 알려준다. 특히 가족 사업으로 진행하는 A는 B, C, D가 소외감이 들지 않도록 파트너처럼 형제그룹을 세심하게 챙긴다. 스폰서 S에게도 진행 내용을 반드시 알리고 B, C, D가 궁금해 하거나 잘 이해하지 못하는 것은 언제나 친절히 안내해 준다.

덕분에 이들은 형제그룹끼리 팀워크를 발휘해 서로 동기부여를 해주고 스폰서 S를 한마음으로 지지한다. 형제그룹 간의 갈등은 스폰서를 가장 힘들게 하는 요인이다. 스폰서의 마음이 편안할 때 전체그룹에 긍정적 영향이 커진다. 실제로 A, B, C, D는 견고한 팀워크로 동반 성장을 하고 있다.

151p. 매나테크 LOS 사업 계보도 참조

4. 바람직한 LOS 관계를 만들기 위한 가이드

가장 중요한 것은 물 흐르듯 원활한 의사소통이다. 특히 상대방의 입장에서 생각해 보는 역지사지의 마음가짐이 매우 중요하다.

초기에는 상호의존적 관계로 시작한다. 신규사업자는 모든 것이 생소하므로 스폰서는 기초 지식부터 상담 기법, 제품 교육, 시스템 안내까지 알려줘야 한다.

네트워크 사업에서는 파트너의 성공과 스폰서의 성장이 볼트와 너트처럼 맞물려 동반 성장하므로 서로 내 일처럼 열정을 쏟아 도와야 한다. 이런 과정을 거쳐 상호협력 관계로 변화와 성장이 이뤄진다. 즉, 관계의 발전이 있어야 성장이 가능하다.

무엇보다 스폰서는 파트너들이 셀프리더로 성장하도록 더 큰 비전을 공유해야 한다. 물론 이 모든 것의 바탕에는 신뢰와 존중이 필요하다.

2장
LOS 갈등 유형에 따른 솔루션 가이드

1. LOS 갈등의 원인

1) 관계를 오해하는 경우

① 스폰서가 파트너 A 위주로 후원하고 파트너 B에게는 별로 관심이 없어요.

② 파트너 A는 적극 후원 요청을 하는데 파트너 B는 후원 요청을 하지 않으면서 스폰서가 A만 도와준다고 불평해요.

③ 스폰서가 불분명한 태도로 파트너 간에 오해를 만들어요.

④ 스폰서에게 개별적으로 상담한 내용을 다른 사람들이 알

고 있어서 불편해요.

⑤ 파트너가 자신이 발굴한 파트너를 스폰서에게 맡기고 나 몰라라 해요.

2) 자주 소통하지 않는 경우

① 스폰서가 파트너를 챙기지 않고 잘 소통하지 않아요.

② 스폰서가 스폰서 역할을 하지 않아 소통하기 싫어요.

③ 파트너가 평소에는 연락하지 않다가 문제가 생겼을 때만 스폰서를 찾아요.

④ 파트너와 스폰서가 각자 자기 방식대로 사업을 진행해요.

3) 사업에서 문제가 발생하는 경우

① 스폰서가 사업을 하지 않으면서 파트너에게는 하라고 하고 자신의 이익만 챙겨요.

② 스폰서가 지나치게 권위적이에요.

③ 파트너가 스폰서를 무시해요.

④ 파트너를 교육하고 후원해도 집중하지 않아 성과가 나질

않아요.

⑤ 사업자 간에 금전 거래, 연애, 타 네트워크 사업 병행, 유사 수신 행위 등을 해요.

2. LOS 갈등으로 발생하는 문제

1) LOS 간에 소통이 이뤄지지 않는다.

2) 사업 집중도 분산으로 성과가 미흡하다.

3) LOS 간의 문제가 그룹에 부정적 영향을 끼친다.

4) 잦은 LOS 간의 문제로 매나테크 사업의 가치를 떨어뜨린다.

3. LOS 갈등 유형에 따른 솔루션 가이드

1) LOS 질서 관련 문제

: 중간리더를 거치지 않고 사업을 진행하는 경우

① 원인

» 중간리더와 그 파트너가 같은 시기에 출발해 동반 성장하는 상황에서 발생한다.

» 중간리더의 직접 추천이 아니고 스폰서의 추천이었을 경우 발생한다.

② 솔루션 가이드

» 스폰서가 중간리더에게 진행 상황을 충분히 알려주고 공유한다.

» 중간리더는 파트너의 성공을 위해 비즈니스 관점에서 넓게 생각한다.

» 중간리더는 사업의 프로가 되기 위해 실력을 갖추는 계기로 삼는다.

③ 상담 사례

> A는 사업 시작과 동시에 B에게 사업을 알려 함께 시작했다. 그런데 매우 적극적인 B가 A보다 먼저 직급을 성취하고 급성장했다. 처음에는 A도 잘하라고 격려했지만 B가 빠르게 그룹을 형성하면서 점점 업라인 스폰서와 소통했다. 이런 상황에서 소외감을 느낀 A는 의기소침해지는 듯한 자세를 보였다. 이때 업라인 스폰서는 A에게 모든 상황을 자세히 공유하고 그룹 미팅에서 일정 부분의 역할(Role)을 줌으로써 동기부여를 했다.
> 이는 업라인 스폰서의 경영 지혜가 돋보인 사례다.

2) 사업 과정에서 스폰서와 파트너 간에 사업 방법, 진행, 결과에 관점 차이가 발생하는 경우

① 원인

» 파트너가 자기주장이 강해 스폰서를 힘들게 하는 상황이다.
» 개인 성향이 다를 경우에 발생할 수 있다.
» 스폰서와 파트너 간에 직급이나 실력 차이가 크지 않을 때 발생 빈도가 더 높다.

② 솔루션 가이드

» 스폰서와 파트너가 역지사지로 생각해 대화하고 솔루션을 함께 협의한다.
» 업라인 스폰서와 함께 지혜롭게 문제를 해결하는 것도 좋은 방법이다.

③ 상담 사례

> A는 사업 성장이 매우 빠른 상태지만 본인 방식대로 하려는 경향이 강해 스폰서의 의견에 이의를 제기하는 경우가 많았다. 스폰서는 A가 변화하기를 기다리면서 시스템 참여를 독려하고 역지사지 자세로 공감하며 A와 계속 소통을 이어갔다. A는 점차 파트너가 생기고 그룹이 커지면서 스폰서를 더 이해하게 되었다. 이후 A가 먼저 스폰서에게 연락해 관계를 회복했다. 특히 그룹 안의 역지사지 소통 시스템을 활용해 바람직한 관계를 형성하면서 사업도 더욱 성장했다.
> 서로 자기주장을 펼치는 게 아니라 역지사지 솔루션이 빛을 발한 사례다.

3) 시스템 참석과 활동이 미흡해 열의가 부족한 파트너의 경우

① 원인

» 사업을 제대로 이해하지 못해 활동이 미흡할 수 있다.
» 부업으로 사업을 선택한 경우 본업에 집중하면 활동이 부족하다.
» 사업을 확신하지 못하는 상태라면 시스템에 잘 집중하지 못한다.

② 솔루션 가이드

» 초기사업자라면 스폰서가 시스템 참석과 활동이 정착될 때까지 지원한다.
» 사업을 열심히 하다가 열의가 떨어진 경우 지속적인 만남과 대화로 동기부여를 한다.
» 단점을 지적하기보다 장점을 칭찬해 준다.
» 사업을 방해하는 요소가 무엇인지 상담하고 지원한다.
» 어떻게 도와주면 성장할 수 있을지 구체적인 방법을 의논한다.

③ 상담 사례

> A는 시스템에 잘 참여하지 못하는 파트너와 상담하면서 사업에 집중하지 못하는 원인을 알아냈다. 알고 보니 제품 효과는 보았으나 아직 사업을 확신하지 못해 시스템 참여기 저조한 것이었다. 이에 따라 사업을 하는 이유와 목적을 스스로 찾도록 기다려주면서 사업 비전을 구체적으로 보도록 자료, 동영상, 시스템 등으로 안내했다. 나아가 매일 한 번씩 파트너와 통화하면서 서로 친근감을 쌓았다.
> 스폰서가 좋아서 함께 사업하는 경우도 많기 때문에 지속적인 관심은 매우 중요하다. 그리고 칭찬으로 사업의 가능성을 높여주는 것이 좋다.
> A는 시스템에 참여해 다른 사업자들의 스토리를 들으면서 점차 자신이 사업을 하는 이유를 찾기 시작했다. 이후 주도적으로 시스템에 참여해 사업을 잘 성장시키고 있다.

4) 스폰서의 열의 부족

: 시스템 참석과 활동이 저조해 열의가 부족한 스폰서

① 원인

» 어떻게 후원해야 하는지 그 방법을 모르는 경우다.

» 사업을 편하게 진행하고 싶다는 안일한 생각을 하는 경우다.

② 솔루션 가이드

» 이것은 스폰서 사업이 아니라 내 사업이라는 것을 인지한다. 스폰서가 나에게 사업 정보를 준 것만으로도 감사한다.
» 도움이 필요할 때는 시스템에 연결된 업라인 스폰서와 상담을 하고 사업을 진행한다.
» 시스템이 가장 훌륭한 스폰서이므로 시스템에 집중한다.

③ 상담 사례

> A는 사업을 권유한 스폰서에게 초기사업자 교육 시스템을 안내받았다. 그런데 스폰서는 함께 참여하지 않았고 더 이상 시스템도 안내해 주지 않았다. 교육 시스템에는 스폰서와 함께 진행해야 할 부분도 있었다. 어떻게 해야 할지 막막한 상황에서 A는 교육 시스템을 통해 이것은 스폰서의 사업이 아닌 내 사업이라는 것을 깨달았다. 그 후 A는 업라인 스폰서의 따뜻한 배려로 동기부여를 받아 이 사업의 진정한 의미를 알게 되었고 또한 그들의 도움으로 교육 과정도 무사히 마쳤다. A는 현재 열정적으로 사업을 진행하고 있다.

5) 파트너가 메인그룹을 챙기지 않고 사이드그룹만 신경 쓰는 경우

① 원인

» 보상플랜을 이해하지 못하는 경우다.

» 사업을 근시안적으로 이해하는 경우다.

② 솔루션 가이드

» 보상플랜을 명확히 이해하도록 교육한다. 메인그룹 안정화를 우선시해야 함을 알게 한다.

» 사업 비전을 제시하고 파트너가 시기별(입문기, 성장기, 성숙기, 마스터기)로 정착할 수 있는 사업 방법을 알려준다 (102p 〈2부 파트너 '청출어람' 만들기〉 3장 참고).

③ 상담 사례

> 사업을 잘 진행하고 있는 A의 파트너는 메인그룹 일에 소극적이었다. 이유를 알아보니 그 파트너는 자신의 메인그룹 외에 큰 그룹을 하나 더 만들어야 직급 상승도 빠르고 수입도 늘어난다고 생각했다. A는 그 파트너에게 업라인 스폰서들의 예를 들어가며 메인그룹 안정화가 더 큰 성공을 가져온다는 비전을 제시했다. 이후 그 파트너는 메인그룹을 더 적극적으로 이끌었을 뿐 아니라 시간을 분배하고 집중해 두 번째, 세 번째 그룹도 만드는 큰 성과를 이뤘다.

6) 스폰서가 후원할 때 우선순위에 갈등이 생기는 경우

① 원인

» 스폰서와 파트너의 일의 우선순위가 다를 경우 갈등이 생긴다.

» 사업에서 일의 우선순위를 잘 모르는 경우 발생한다.

» 스폰서의 스케줄이 겹쳤을 때 파트너와 충분히 대화하지 않고 후원할 경우 발생한다.

② 솔루션 가이드

» 스폰서의 후원 순위 내용을 파트너가 이해하게 한다.

» 스케줄이 겹칠 때, 스폰서는 파트너와 충분히 대화하면서 후원을 진행한다.

③ 상담 사례

> 스폰서가 늘 내 그룹보다 형제그룹을 우선시하는 것 같아 불만인 파트너가 있었다. 스폰서는 파트너와 대화해 후원 순위를 원칙에 따라 공평하게 진행하고 있음을 이해하게 해주었다. 후원시 우선순위 원칙으로 첫째는 시스템 참여도이고 둘째는 후원 요청을 한 순서였다. 이를 이해한 파트너는 오해를 풀었고 원칙에 따라 파트너를 후원하는 것을 배웠다.

7) 파트너가 스폰서에 관해 부정적인 이야기를 하는 경우

① 원인

» 스폰서가 파트너에게 관심을 보이지 않거나 후원하지 않는 경우 발생한다.

» 스폰서가 권위적일 때 발생한다.

» 파트너의 부정적인 성향으로 스폰서를 시기하거나 질투할 때 발생한다.

② 솔루션 가이드

» 스폰서와 파트너 간의 관계의 중요성을 알게 한다.

» 그룹 차원에서 역지사지 인간관계 교육으로 상대방의 입장을 이해할 계기를 마련해 준다.

③ 상담 사례

> 파트너 A는 평소 권위적인 스폰서 앞에서 의견을 자유롭게 제시하지 못했다. 그러다 보니 스폰서가 없을 때 부정적인 대화를 했고 불만이 자꾸 쌓이면서 사업 성장에 지장을 초래했다. 그런데 역지사지로 스폰서의 입장이 되어 보니 이해가 가는 부분이 있었다. 수많은 파트너를 성공으로 이끄는 데는 원칙이 필요하다는 것을 깨달았기 때문이다. 또한 부정적인 말과 행

동은 부메랑처럼 내게 돌아온다는 것도 알았다.

스폰서에 관해 부정적인 생각을 버리니 스폰서가 더 이상 권위적으로 보이지 않았고 그 파트너는 편안한 마음으로 사업에 집중할 수 있었다.

8) 금전 거래, 연애, 형제그룹과의 크로스라이닝 등으로 사업의 기본 질서를 파괴하는 경우

① 원인

» 네트워크 사업에서 하지 말아야 하는 상황을 만들어서 생긴 문제다.

» 기본 성품과 역량을 갖추지 않은 사람이 사업자가 된 경우다.

② 솔루션 가이드

» 이런 상황이 발생하지 않도록 지속적인 시스템 교육으로 인지시킨다.

» 사업자로 활동하지 못하게 하는 룰을 만드는 것이 필요하다.

» 반복해서 문제를 일으킬 경우 그룹 시스템에 참여할 수 없게 한다.

③ 상담 사례

A는 스폰서보다 마음이 더 잘 맞는 형제그룹 B와 자주 식사도 하고 사업 이야기도 나누었다. 그런데 둘 다 스폰서를 잘 알다 보니 부정적인 이야기도 흘러나왔다. A는 괜히 스폰서를 다르게 보고 점점 마음이 멀어지면서 사업에도 부정적인 시각을 보였다. 또한 둘은 친밀해져 금전 거래까지 했다. 이후 돈을 빌려간 B는 연락을 끊었고 더 이상 시스템에서 보이지 않았다. 스폰서와 상담한 A는 마음을 잡고 다시 사업에 집중했다. 나아가 시스템에서 교육받은 것을 간과한 자신의 부주의한 행동을 반성했다. 형제그룹은 스폰서와 함께하는 미팅에서만 같이 해야한다.

3장
LOS 역지사지 갈등 해결 프로세스

1. LOS 역지사지 이해

1) LOS에서 역지사지의 필요성

　LOS 간의 갈등 상황은 언제라도 생길 수 있다. 특히 사람이 모이는 곳에서는 말로 인한 문제가 생기기 쉽고 오해가 발생하기도 한다. LOS 관계가 불편해지면 그룹 전체에 부정적 영향을 미칠 수 있다. 설령 말을 하지 않더라도 파트너들이 미세한 기류를 알아차려 분위기가 위축되기도 한다. 따라서 사업 진행에는 LOS 간에 상대방의 입장에서 생각해 보고 이해의 폭을 넓히는 역지사지를 반드시 적용할 필요가 있다.

2) LOS 역지사지 효과

첫째, 갈등이 발생했을 때 상대방의 입장에서 생각해 창의적인 결과를 도출할 수 있다.

둘째, 서로 감정적으로 상처를 주지 않고 객관적으로 대화하는 방법이다.

셋째, 서로 질문으로 이해하는 힘이 깊어지고 좋은 아이디어를 창출할 수 있다.

넷째, LOS 간 원활한 소통으로 관계가 탄탄해지고 팀워크가 견고해진다.

다섯째, 본인의 입장을 주장하는 데 소비하던 시간과 에너지를 효율적으로 쓸 수 있다.

네트워크 마케팅 사업은 상하 구조나 월급 체계 없이 오로지 구성원의 자발적인 동기부여로 이루어지는 조직이다. 따라서 일반적인 사업과 달리 인간관계와 소통이 대부분을 차지한다. LOS 간 팀워크가 무너지는 순간 조직 전체가 흔들릴 수도 있다. 결국 역지사지 하브루타가 필수적이며 언제 어디서나 적용할 수 있도록 연습하고 직접 실행해 보는 것이 중요하다.

2. LOS 역지사지 갈등 해결 프로세스

1) LOS 역지사지 갈등 해결 프로세스

① LOS 갈등 관련 주제 만들기
→ ② LOS 역지사지 하브루타하기
→ ③ 결과 작성과 발표

2) LOS 역지사지 갈등 해결 프로세스에 따른 세부 내용

① LOS 갈등 관련 주제 만들기

먼저 LOS 갈등 문제를 질문으로 바꾼다. LOS 갈등 문제는 찬반으로 할 수도 있지만 이를 해결하는 데 중요한 시작은 주제를 잘 만드는 일이다. 그러므로 갈등 문제를 객관화하기 위해 질문으로 바꾸는 것이 좋다.

LOS 갈등 상황에서 질문으로 주제를 만드는 사례

» 마음의 문을 닫은 파트너에게 어떻게 다가가야 할까요?
» 공격적인 파트너는 어떻게 지원해 줘야 할까요?
» 공격적인 파트너 때문에 다른 사람들이 힘들어할 때는 어떻게 해야 할까요?
» 열심히 후원해도 실행하지 않는 파트너는 어떻게 독려해야 할까요?
» 불편한 관계에 있는 바로 위의 스폰서와 어떻게 해야 좋은 관계를 맺을 수 있을까요?
» 스폰서는 어떻게 해야 파트너와 원활하게 소통할 수 있을까요?
» LOS 간 예의를 어떻게 이해시킬 수 있을까요?
» 스폰서와 파트너 간에 문제가 생겼을 때 무조건 스폰서 편을 드는 것을 어떻게 생각하세요?
» 파트너를 영입하지 못한 경우 어떻게 지원하면 될까요?
» 스폰서가 열심히 하지 않고 파트너의 수당만 받는다고 생각하는 경우 어떻게 상담해야 할까요?
» 사업적으로 움직이지 않는 파트너를 어떻게 독려해야 할까요?
» 파트너가 사업을 잘 할 수 있는 효과적인 교육 방법은 무엇일까요?
» 파트너 간에 사업 방식이 달라 생긴 갈등을 어떻게 풀어야 할까요?

② LOS 역지사지 하브루타하기

» 반드시 2인 1조로 2명씩 짝을 지어 각자 찬성 또는 반대하는 입장을 결정한다.
» 주제에 관한 자신의 입장을 명확히 밝히며 근거를 제시한다.
» 상대방이 주장하는 것에 반론을 제기한다.
» 역할을 바꿔 똑같은 방법으로 진행한다. 그 과정에서 상대방의 입장에 서서 생각해 보는 훈련을 할 수 있다.

③ 역지사지 하브루타한 결과 작성하고 발표 공유하기

» 찬성과 반대 의견 결과부터 하브루타를 해본 소감까지 모두 기록한다.
» 찬성과 반대 주장의 근거가 타당한지 확인한다.
» 두 사람의 공통 요소를 찾고 합의한 내용을 작성한 후 이를 발표해 공유한다.
» 다른 조의 발표로 다양한 주장과 근거를 학습한다.
  이를 반복하면 갈등 상황을 입체적으로 이해하고 다양한

갈등 해결 솔루션을 찾아낼 수 있다.

3. LOS 역지사지 갈등 해결 프로세스 진행 방법

1) 혼자 나와 상대방의 입장에서 셀프로 역지사지 대화를 해보고 창의적인 문제 해결을 모색한다

갈등이 첨예하게 대립하는 상황에서는 두 사람이 직접 만나 대화하기가 어렵다. 직접 만나면 갈등이 증폭해 오히려 더 큰 문제를 야기할 수 있다.

이럴 경우 업라인 스폰서는 두 사람을 각자 따로 만나 셀프 하브루타를 진행한다. 먼저 자기 입장을 써보고 억지로라도 상대방의 입장을 써보게 한다. 그런 다음 소감을 적게 하는 것만으로도 객관적 입장에 설 수 있다.

감정에서 벗어나 해결하고자 하는 의지가 생기면 직접적인 만남으로 안내한다.

2) 그룹 내에서 빈번하게 발생하는 LOS 갈등 관련 주제를 선정해 진행한다

누구에게나 발생할 수 있는 갈등 문제를 놓고 그룹 구성원 전체가 참여하는 하브루타를 시행하는 방법이다.

먼저 그룹 구성원을 2명씩 짝을 지어 자신과 상대방의 입장에서 두 번 대화하고 설득하게 한다. 인원이 최소 8~10명이면 짝을 바꿔 하브루타를 진행할 수도 있다. 그중 한두 팀이 직접 하브루타를 실습하는 장면을 나머지 그룹 구성원이 보게 한다.

이것이 모두 끝나면 반드시 소감을 발표하게 해야 한다. 셀프 피드백으로 하브루타 효과가 보다 확실해지기 때문이다.

3) 스폰서와 파트너 당사자들이 서로 역지사지 대화를 한다

갈등 상황에 놓인 두 사람이 어느 정도 대화 의지를 보이면 업라인 스폰서의 안내로 직접 만나 하브루타를 해보는 방법이다.

이 경우 갈등 상황을 해결하고 싶은 마음이 어느 정도 있는 상태이므로 효과가 빨리 나올 수 있다. 처음엔 두 사람이 자기 입장에서, 그다음은 상대방 입장에서 대화하도록 진행한다. 이어 업라인 스폰서는 두 사람이 하브루타를 해본 소감을 발표하게 한다.

  이 과정을 진행하는 것만으로도 어느 정도 창의적 해결이 가능하다. 업라인 스폰서는 그 자리에서 바로 두 명 모두에게 공감해 주는 따뜻한 말로 잘 마무리한다.

4장
역지사지 LOS 갈등 해결 사례 Q&A

　리더의 가장 중요한 덕목은 솔선수범이다. 특히 파트너들에게 조직이 요구하는 행동과 원칙을 말로 알려주는 것보다 직접 행동으로 보여주어야 한다. 힘든 일을 먼저 하는 것은 물론 지시하거나 명령하지 않고 솔선수범하는 모습을 보이는 것이 바람직하다. 자기 혁신으로 올바른 행동 양식을 꾸준히 보여주어야 한다. 그러면 서로 신뢰가 높아지고 격의 없는 소통 풍토를 조성할 수 있으며 리더 스스로도 많은 것을 배우고 성장한다.

1. 마음의 문을 닫은 파트너에게 어떻게 다가가야 할까요?

1) 상담 포인트

» 파트너와의 좋은 추억, 함께하고 싶은 마음, 돕고 싶은 의지를 단계적으로 표현한다.

» 파트너에게 긍정적인 메시지가 오면 만나서 "무엇을 도와드릴까요?"라고 지원 의사를 밝힌다.

2) 상담 사례

① 상황

파트너가 사업을 중단하고 연락이 끊겨 답이 없는 상태다.

② 상담 가이드

단계적으로 마음의 문을 열게 하는 구체적인 방법을 알려준다.

» 1단계 : 파트너와 추억의 장소에서 함께 찍은 사진, 마음에 감동을 주는 좋은 글귀를 메시지로 보낸다.

- » 2단계 : 파트너가 만나고 싶은 생각이 들도록 '보고 싶은 마음, 함께하고 싶은 마음'을 표현한다.
- » 3단계 : 사업을 하면서 도움이 필요하면 언제든 돕겠다는 의지를 표현한다.
- » 4단계 : 파트너에게 정성이 담긴 손 편지와 작은 선물을 보낸다.

만약 파트너가 긍정적인 메시지를 보내오면 만난다. 처음 만남에서는 파트너의 근황과 이야기를 경청한다. 두 번째 만남에서는 사업상 도움이 필요한 파트너의 니즈를 파악하고 지원 방법을 모색한다.

③ 상담 사례(상담 화법)

주제	파트너의 마음을 열기 위해 어떻게 노력해야 할까요?
대상	A와 파트너 B
A의 입장	B와 함께 사업을 하고 싶은 마음이 간질했으나 인내가 부족했던 것 같아 후회스럽다.
B의 입장	함께한 파트너들이 떠나 열정이 사라지고 파트너들이 스폰서 A를 별로 신뢰하지도 않았다.
창의적 해결	[A의 구체적인 해결 사례] - 톡1 : 사장님, 제가 오늘 카페에 왔는데 사장님과 상담, 미팅, 후원을 하며 매일 즐겁게 만났던 기억이 나네요. 오늘도 행복하고 최고로 멋진 날 되세요.♥ - 톡2 : 사장님, 사장님의 긍정적인 에너지가 그립네요. 사장님이 팀에 없으니 팥소 없는 찐빵 같아요. 보고 싶어요.♥ - 톡3 : 사장님, 혹시라도 제 도움이 필요하면 언제든 연락주세요. [우연을 가장한 만남] 어머, 사장님 이제 퇴근하시는 거예요? 제가 오늘 운이 좋은가 봐요. 이 앞 꽃집을 지나다 사장님 생각이 나서 작은 다육이 하나 샀어요. 사장님이 좋아하시잖아요. 직접 뵙고 드리게 되어 정말 기뻐요. 저는 약속이 있어서 이만 가볼게요. [전화 통화] 사장님, 제가 작은 선물 하나 보냈는데 받으셨어요? 별것 아니지만 사장님 생각이 나서요. 바쁘시더라도 이번 주에 식사 한번 해요.

소감	A의 소감: 그동안 B와 다시 함께하고 싶었지만 마음을 표현하는 데 서툴렀다. 솔직하게 표현을 했더니 마음이 가벼워졌다. B의 소감: 한동안 A를 많이 탓했다. 그러나 생각해 보니 내가 A 때문에 사업을 한 것도 아니고 A의 순수한 마음을 알고 나니 서운한 마음이 사라졌다. A의 변화한 모습을 보자 당장은 아니지만 점차 잘 지내고 싶어진다.

2. 스폰서와 파트너가 원활하게 소통하려면 어떻게 해야 할까요?

1) 상담 포인트

» 스폰서와의 밀착성은 사업성과와 직결되므로 자주 연락하고 대화를 나눈다.

» 스폰서는 성과 위주보다 사업 과정을 중시하는 마인드로 파트너를 지원해야 한다.

» 파트너와 소소한 안부, 비즈니스 관련 내용을 SNS · 전화 · 온라인 미팅 같은 다양한 채널로 소통한다.

2) 상담 사례

① 상황

스폰서 A는 파트너 B에게 연락이 오면 사업 방향을 잡아주려 했으나 대화가 원활하지 못했다. 그 이유는 불만이 많은 파트너 B의 자세 때문이었다.

② 상담 가이드

A와의 상담

» B의 부정적인 이야기는 아직 사업가적 마인드가 부족한 것임을 이해한다.
» B가 스폰서에게 걱정스러운 부분만 이야기하는 습관이 있다는 것을 파악한다.
» B의 단점을 고쳐주기보다 잘한 부분을 칭찬하는 화제 전환 기법을 알려준다.
» B와의 현재 문제를 질문 형태로 주제를 만들어 역지사지 대화를 나눈다.

B와의 상담

» 결과보다 전달 과정에 집중하면 스폰서와 상담할 것이 많

아진다는 점을 알려준다.

» 할 이야기가 없어도 일상을 중심으로 매일 스폰서에게 먼저 소통하는 습관을 알려준다.

» 정보 전달 시 상대방의 말을 경청해 스폰서에게 자세한 상황을 이야기하도록 한다.

③ 상담 사례

주제	스폰서 A는 파트너와 원활하게 소통하기 위해 어떻게 해야 할까요? → 파트너 B가 성공하게 하려면 어떻게 도와주어야 할까요?
대상	A와 파트너 B
A의 입장	B가 성장하도록 돕고 싶어 자주 소통하길 원한다. 그렇지만 B는 통화 중에 부정적인 이야기를 많이 해서 힘들다.
B의 입장	A의 전화가 부담스럽다. 현재 사업을 하려는 의욕이 부족한데 A가 자꾸 도와준다고 하니 오히려 더 사업을 하고 싶지 않다. A가 도와준다는 것이 사업을 하라는 강요로 느껴진다.

창의적 해결	스폰서의 독려도 필요하지만 B가 부담스러워하므로 이럴 때는 칭찬으로 동기부여를 해주는 것이 바람직하다. 〈 효과적인 칭찬 멘트 〉 » 사장님, 애프터미팅 때 솔직한 스피치가 너무 멋졌어요. » 사장님, 그룹 미팅에서 사장님의 1분 스피치를 모범사례로 발표하고 노하우를 공유하려는데 준비해 주실 수 있으세요? » 시스템 강의를 듣고 감명 깊은 부분을 발표해 주신 것 정말 좋았어요. 단체 카톡방에도 올려주시겠어요? » 피부가 많이 좋아지셨는데 제품 사용 노하우를 알려주시면 많은 분들께 도움이 될 거예요. 공유해 주실래요?
소감	A의 소감: 내가 파트너였을 때를 생각하면서 파트너를 많이 칭찬하고 동기부여를 해야 한다는 것을 깨달았다. B의 소감: 내 장점을 칭찬해 주니 의욕이 생기고 나도 모르게 마음이 열렸다. 더 이상 스폰서의 전화가 부담스럽지 않다. 작은 변화로 나를 다시 돌아보게 되었다.

3. 사업적으로 움직이지 않는 파트너를 어떻게 독려하고 지원해야 할까요?

1) 상담 포인트

» 파트너가 사업적으로 움직이지 않는 원인을 파악한다.

» 원인에 따른 구체적인 해결책을 제시한다.

〈원인에 따른 해결책 가이드〉

원인	해결책
매나테크의 비전을 못 본 경우 (시간, 지식, 경험 부족)	* 지식과 경험을 쌓도록 교육한다. – 매나테크 철학, 가치, 비전, 사명 – 매나테크 사업과 제품 이해 – 마이 스토리 만들기(내경험+성공한 리더들의 경험) – 고객 상담 스킬(사례별 상담 내용 작성과 발표 연습) * 가망고객 발굴부터 상담까지 단계적으로 지원한다.
비전은 보았으나 사업가로서의 자세가 결여된 경우 (스폰서가 다 해주길 바라는 파트너)	* 성공한 사람들의 사례를 연구한다. * 성공 사례를 토대로 고객 상담 자료를 만들고 연습한다. '모방은 창조의 어머니!'

대인관계가 어려운 경우 (비전과 사업 능력 있음)	* 역지사지 인간관계 리더십을 향상시킨다. - 어려운 대인관계 상황을 정리한다. - 문제가 있는 관계에서 발생하는 주제를 뽑는다. - 주제를 내 입장과 상대방의 입장에서 생각하고 정리한다. - 관계 향상을 위한 해결 방안을 함께 모색한다. - 해결 방안을 실행하도록 지원한다.

2) 상담 사례

① **상황** : 파트너는 10년 전 개인 사업에 3억 원을 투자한 자영업자이다. 현재는 매나테크 사업을 1년째 하고 있다. 자영업으로 매달 바쁘게 일하다 보니, 매나테크 비전은 보았으나 제품 주문 등의 업무를 스폰서에게 의지한다.

② **상담 사례**

"사장님, 지난 1년 동안 열심히 사업을 하셨는데 올해 PD에 도전하신다니 성공을 위해 3가지만 권유할게요. 첫째, 3억 원을 투자했을 때의 마음가짐으로 매나테크 사업에 집중하세요. 둘째, 시스템 참여나 제품 주문, 파트너 영입을 스스로 해보세요. 셋째, 사장님이 보신 매나테크 비전에 감사하고 PPD 성취 모습을 확실히 그려보세요. 상상하시면 열정이 넘칠 것입니다."

4. LOS관계 예의를 어떻게 알려주어야 하나요?

1) 상담 포인트

» LOS 관계와 예의를 지속적으로 교육한다.

» LOS 관계 문제로 발생하는 인간관계가 비즈니스 성과에 미치는 다양한 사례를 제시한다.

» 역지사지 대화를 시도해 상대방의 입장을 알도록 기회를 제공한다(향후 1:1 대화를 시도한다).

» 파트너는 많아질 수 있지만 스폰서는 한 분이다.

» 스폰서는 나에게 사업 정보를 알려준 것만으로도 고마운 분이다.

» 예의 부분은 개인적인 충고나 교육보다 시스템 미팅으로 전체적으로 공지하는 것이 좋다.

2) 상담 사례

① 상황

스폰서 A는 사업 자료와 제품을 파트너 B와 그 파트너들에게 빌려주고 후원 시 자료도 자신의 것을 사용하다 보니 부담이 커졌다.

② 상담 가이드

A와의 상담:

» 혼자 부담하는 것이 지속되면 힘들어지므로 원칙을 세운다.

» 파트너들에게 직접적으로 말하기보다 그룹 미팅에서 파트너 B가 중재하도록 안내한다.

B와의 상담:

» 스폰서 A의 입장을 파트너들에게 알린다.

» 조급한 마음에 모두가 신경 쓰지 않으면 스폰서의 힘든 부분이 모두에게 영향을 미칠 수 있으므로 LOS간 예의라고 알려주어야 한다.

» 식사와 자료 등 사업 전반에 필요한 모든 비용은 더치페이를 원칙으로 한다.

» 기본 원칙을 정기적으로 안내한다.

③ 상담 사례

주제	스폰서를 향한 예의를 알려주는 구체적인 방법에는 무엇이 있을까요?
대상	A와 파트너 B
A의 입장	B와 그의 파트너들을 후원하다 보니 자료를 사용할 때가 많은데 솔직히 부담이 간다.
B의 입장	스폰서 A에게 후원받을 때 스폰서 A가 필요한 자료와 음료까지 모두 준비하기에 원래 그렇게 하는 줄 알았다. 또한 파트너들에게 부담을 주고 싶지 않았다.
창의적 해결	B는 지금은 파트너들에게 부담이 가지 않겠지만 그것이 조만간 본인의 상황이 될 수 있다는 것을 깨달았다. B는 본인과 파트너들을 위해 그룹 미팅에서 이렇게 말했다. "파트너는 여럿이 될 수 있지만 스폰서는 한 명입니다. 첫째, 스폰서는 시간과 노력을 투자해 우리에게 사업도 알려주시는데 감사한 마음으로 스폰서에게 점심을 한 번씩 교대로 삽시다. 둘째, 자료는 각자 준비하고 구하기 힘들면 스폰서에게 구매를 요청합시다. 저도 오늘 이런 것들을 구매했어요(자료를 보여준다). 여러분도 곧 스폰서가 될 것이고 이 같은 상황에 놓일 겁니다. 오늘 스폰서님 점심은 제가 대접하겠습니다."
소감	A의 소감: B가 솔선수범해서 파트너들에게 예의를 알려주니 감사하다. 서로의 입장을 이해하게 되어 더욱 성장하는 계기가 될 것이다. B의 소감: 얼마 후 내가 A의 입장에 놓일 것임을 알고 나니 모두를 위해 질서를 바로잡아야겠다는 생각이 들었고 스폰서의 헌신을 배워야겠다.

5. 파트너를 영입하지 못한 경우 어떻게 지원해야 할까요?

1) 상담 포인트

» 파트너 영입에서 중요한 과정은 꿈과 목표-결단-명단 작성이다.

» 명단을 작성하는 것은 사업계획서를 짜는 것과 같다.

» 명단을 점검하고 늘리는 것이 사업 성장의 핵심이다.

2) 상담 사례

① 상황

» A : B가 파트너를 영입했으면 좋겠다고 생각하는 중이다.

» B : 사업을 시작한 지 1년이 지났지만 파트너를 찾지 못하고 있는 상태다.

② 상담 가이드

주제	파트너를 어떻게 영입할 수 있을까요?
대상	A와 파트너 B
A의 입장	B가 파트너를 빨리 영입했으면 좋겠다.
B의 입장	인맥이 없고 기존 명단에서 모두 거절 받은 상황이다.
창의적 해결	정보 전달 횟수를 점검하고 새로운 명단을 만들어가는 방법을 알려준다. 1. 기존 등록 회원 명단을 점검한다. 2. 신규 명단을 늘리는 방법을 알려준다. » 아직 정보를 전달하지 않은 명단을 작성한다. » 콜드컨택을 하는 방법을 알려준다. » 모르는 사람들과 친분을 쌓아가는 방법을 알려준다. » 마이 스토리, 미팅 초대 멘트, 소개 멘트 등을 점검하고 실습하게 한다.
소감	A의 소감: B에게 무조건 파트너를 영입하라고만 했는데 구체적인 방법을 안내해야 하고 내 실력도 있어야 함을 알게 되었다. 더 노력하고 도와야겠다. B의 소감: 매나테크를 알릴 사람이 더 이상 없어서 걱정했는데 스폰서(A)가 처음 나에게 정보를 전달해 주던 때가 생각났다. 모르는 분께도 다가가 인사하고 칭찬부터 해봐야 할 것 같다.

6. 스폰서가 열심히 하지 않고 수당만 받는다고 생각하는 경우 어떻게 상담해야 할까요?

1) 상담 포인트

» 나로부터 시작하는 사업임을 알려준다.

» 스폰서의 역할과 의미를 생각해 보게 한다.

» 보상플랜을 정확히 이해시킨다.

2) 상담 가이드

① 상황

스폰서 A가 시스템 참석이 저조한데도 파트너 B와 그 파트너들은 열심히 하고 있다.

② 상담 가이드

질문에 따른 답변을 4MAT 방식으로 써보게 함으로써 생각을 정리할 수 있다.

③ 상담 사례

주제	스폰서는 우리를 도와주지 않는데 왜 수당을 받을까요?
대상	A와 파트너 B
A의 입장	개인 사정으로 시스템 참석이 어렵습니다. 업라인 스폰서와 진행했으면 좋겠어요.
B의 입장	우리는 스폰서 없이도 해 나갈 수 있어요. 지금까지 그렇게 해왔으니까요. 그렇지만 스폰서는 도와주지도 않으면서 우리 덕분에 수당을 받지 않나요?
창의적 해결	Why : 당신은 이 사업을 왜 시작했나요? 스폰서 때문에 사업을 하고 있나요? What : 당신의 사업 성장을 위해 무엇을 해야 하나요? How : 항상 스폰서가 나보다 더 수당을 많이 받는 것은 아니다. 내가 열심히 노력하면 나의 수당이 스폰서보다 더 많아진다. If : 노력하지 않으면 소득도 없다. 이것은 스폰서도 마찬가지다. 나로부터 시작되는 사업이니 나에게 정보를 전달해 준 것만으로도 스폰서에게 감사해야 한다.
소감	B의 소감: 스폰서의 역할은 정보를 주는 것이다. 그 이상을 함께 해주는 스폰서는 매우 고마운 분이라는 것도 알게 되었다. 이 사업은 나로부터 시작된다는 것도 깨달았다.

7. 스폰서와 파트너 사이에 문제가 생겼을 때 무조건 스폰서 편을 들어주면 어떻게 해야 하나요?

1) 상담 포인트

» LOS의 생명은 방향성이다. 그 방향성에서 벗어나지 않으면 스폰서 A를 존중하는 것이 우위다.

» 누구의 편을 들어준다는 말은 맞지 않다.

» 사소한 문제는 중재로 해결이 가능하다.

2) 상담 사례

① 상황

A와 파트너 B는 종종 의견 차이가 발생하는데 사업 성장이 빠른 B가 A를 많이 힘들게 하는 편이다.

② 상담 가이드

» 업라인 스폰서는 B에게 스폰서 A의 장점을 부각시키고 팀에서 절대 없어서는 안 될 소중한 리더임을 일깨워준다.

» B는 업라인 스폰서의 뜻을 존중하는 동시에 스폰서 A를 향한 태도를 바꾼다.

» A는 사업 성장이 빠른 파트너 B를 격려하고 인정하는 모습을 보이도록 노력한다.

③ 상담 사례

주제	서로의 의견이 맞지 않아 힘들 때 어떻게 해야 할까요?
대상	A와 파트너 B
A의 입장	B는 내 의견이 아닌 파트너의 의견을 수렴한 후 내게 통보만 하는 경우가 많다.
B의 입장	A는 내가 파트너를 이끌도록 격려를 해주는 편이 아니다. 관심이 아니라 간섭으로 느낀 적이 많다.
창의적 해결	A와 B는 각각 역지사지 실습을 해본다(셀프 또는 같이). → 상대방의 입장에서 구체적으로 말해본다. (B의 입장에서) A : "제 파트너와 제가 해야 할 것을 하고 있는데 미팅에 조금 늦었다고 파트너들 앞에서 뭐라고 하시니 제 입장이 좀 난처하네요." (A의 입장에서) B : "중요한 발표가 있다고 며칠 전부터 미팅 참석을 강조했는데 늦으니 걱정이 되어 말씀드린거에요."
소감	A의 소감: B가 스폰서와 파트너의 양쪽 방향을 모두 잡아 나가기가 힘들었을 것이다. 소소한 것에 너무 예민하게 반응했던 것 같다. B소감: A는 항상 미팅을 같이 진행하는 성실한 스폰서인데 나는 파트너들의 의견만 너무 중시했다. A는 나에게 매나테크 정보를 주신것만으로도 감사한데 내 파트너들도 챙겨주시니 더욱 감사하다.

8. 파트너가 스폰서에게 너무 의존적이면 어떻게 해야 하나요?

1) 상담 포인트

» 원인은 본인 사업이라는 생각이 확실하지 않은 데 있다.

» 쉽고 편하게 스폰서가 모든 것을 해주는 것을 당연시한다.

» 구체적인 사업 방법 실행 면에서 어려움이 있을 수 있다.

2) 상담 사례

① 상황

» 스폰서 A는 성숙기의 유능한 사업가다.

» 파트너 B는 성장기의 사업가로 컴퓨터 사용에 익숙하지 않다.

A는 B의 사업 입문기 때 모든 것을 직접 해주었지만 성장기가 되어도 B가 A에게 의지하려 하자 B의 성장을 걱정한다.

② 상담 가이드

A 상담 가이드 :

» 권위적인 측면보다 존경하는 자세가 중요하다.

» 현재는 힘들지만 B의 파트너가 생길 때까지 포용적인 자세로 임하는 것이 오히려 더 효과적이라는 것을 알려준다.

» 일정 기간을 정해 그때까지만 서류 작성(주문서, 회원가입 등), 상담을 해주기로 한다.

» 익숙해 질때까지 방법을 반복해서 알려준다.

B 상담 가이드 :

» 모든 일을 스스로 해내는 셀프리더로 성장하려면 실수도 겁내지 않는 용기가 필요하다.

» 파트너가 생기기 전에 스스로 실력을 갖추는 것이 중요하다.

③ 상담 사례

주제	스폰서에게 너무 의존적인 파트너를 구체적으로 어떻게 안내해야 할까요?
대상	A와 파트너 B

A의 입장	스폰서가 서류 작성, 제품 주문, 고객 상담을 대신 해주는 사람은 아니죠.
B의 입장	개인적인 일이 많고 주문 방법에 익숙하지도 않아서 고객의 주문과 상담을 부탁했는데 A가 피하는 것 같아요.
창의적 해결	A와 B가 각각 역지사지 실습을 해본다(셀프 또는 같이). → 상대방의 입장에서 구체적으로 말해본다. (B의 입장에서) A : "고객이 제품에 관해 질문할 때 바로 대답해주고 싶은데 잘 되지 않아요. 주문도 스스로 하고 싶지만 주문 종류가 많고 혜택을 받는 방법도 어떤 것으로 안내할지 잘 판단하기가 어려워요." (A의 입장에서) B : "제품 주문은 익숙해질 때까지 메모해서 반복해 보면 어렵지 않고 쉬워요. 보상플랜에도 조금 더 관심을 가지면 금방 이해하실거에요. 지금보다 조금만 더 노력하시면 될 거예요."
소감	A의 소감: 매나테크 비즈니스는 복잡하거나 어렵지 않고 반복을 통해 쉽게 익숙해질 수 있다는 것을 알려줘야겠다. B의 성장을 위해 관심을 기울여 구체적으로 사업 계획을 세우도록 해야겠다. B의 소감: 내 사업이니 좀 더 주도적으로 배우고 익혀야겠다. 특히 보상플랜을 몰라서 주문을 어떻게 해야 할지 몰랐던 것이 커다란 원인이었음을 알았다.

맺음말

매나테크 글로벌을 향하여

스폰서와 사업파트너 Win-Win을 위하여

스폰서가 가지고 있어야 하는 중요한 덕목은 솔선수범과 사업파트너가 청출어람으로 성장하기 바라며 지원하고 후원하는 것이다. '아이들이 부모의 모습을 보고 자란다'는 말이 있듯이 사업파트너는 솔선수범하는 스폰서의 모습을 보고 비즈니스를 배운다.

사업파트너는 스폰서의 솔선수범을 보고 배우며, 청출어람 하기를 바라는 마음을 알고 함께 협력한다. 역지사지 인간관계 기술을 습득하면 스폰서와 사업파트너가 Win-Win 하여 함께 성공할 수 있을 것이다.

고객과 역지사지 인간관계 실천하여 비즈니스 성과창출 Up

고객의 입장에서 고객이 원하는 것은 무엇이고 어떻게 도움을 줄 것인지 생각하고 사업을 하는 것이 성과를 창출하는 핵심이 된다. 역지사지 인간관계를 배우고 익히면 고객 만족을 통한 성공하는 비즈니스 사업자가 될 수 있다.

⟨성공하는 사업가를 만드는 역지사지 인간관계 기술⟩
글로벌을 향하여

이 책을 읽고 사업에 적용한 사람들이 많아지면 사람들 간에 좋은 경험 공유, 성공 체험을 함께하면서 행복한 성공을 하는 사람들도 많아질 것이다. 이러한 역지사지 인간관계 기술로 일하는 스타일은 사람과 사람, 조직과 조직의 원활한 소통으로 건전한 비즈니스 문화가 형성될 것이다.

한국에서 7명의 네트워크 사업자들이 쏘아 올린 작은 공이 한국 사업자들의 사업에 도움이 되고, 나아가 전 세계 인간관계를 맺고 사업을 하는 모든 사람에게 도움이 될 것이라 믿는다.